その案件で進める？ 進めない？

投資評価の仕組みと実務がわかる本

公認会計士
梅澤真由美 著
UMEZAWA, Mayumi

INVESTMENT EVALUATION

中央経済社

はじめに

　この本は，会社が行う投資の評価を初めて担う方が，ミスなく実務をこなせるようになるための本です。

　設備投資はもちろん，最近は，社内で何か大きな取組みを行う場合に，定量的な投資評価を行うことが増えました。社内用語でいえば，これらは「プロジェクト」と呼ばれ，経理など経営財務分野の方に最も期待される役割の1つといえます。実務担当者から管理職まで，会社の中で10年を過ごした私も例外ではなく，多くのプロジェクトの投資評価に関わりました。

　公認会計士ゆえ，投資評価に関わる計算式や理論はもちろん知っています。それなら，実務は問題なくすぐにできたのではと思われるかもしれませんが，実際にはそうではありませんでした。

　なぜなら，計算できることと実務ができることとはまったく別だからです。自分の経験からそう断言できます。計算の前と後にこそ，実務では重要なポイントが多く存在します。例えば，計算するのに必要な情報をどのように集めるのか，計算結果をどのように経営者に伝えるのか，期待どおりの計算結果ではない場合にどうしたらいいのか，など。

　本書は，自分自身が投資評価の「実務」で苦労した経験をきっかけに，実務の側面に特化して解説することにしました。

　近年，投資評価を重視する会社が増えているのを感じます。これは，2015年のコーポレートガバナンス・コードの導入の影響も大きいです。しかし，本来的に投資評価は，経営者が重要な意思決定を客観的に行うのを助けるパワフルなツールです。

　また，私たち経理パーソン個人の立場で考えてみても，投資評価はとても価値が高いスキルといえます。経営者と近くで接することも多く，意思決定を伴

走できるやりがいはとても大きいものです。

　さらに，投資評価は一般にファイナンスとも呼ばれますが，この知識は英語と同じく「世界共通語」です。私はウォルト・ディズニー・ジャパン勤務時に，日米中の3か国合同プロジェクトに参加したことがあります。投資評価の指標は万国共通ゆえに，その数字を提示すればどの国の人とも同じ目線で議論を進めることができるのを強く実感しました。

　インバウンド・アウトバウンド双方に展開を続けるビジネスにおいて，皆さんや日本企業が仕事をするうえで大きな助けになることは間違いありません。現時点では，この使い手が少ないことも，皆さん個人にとっては大きなチャンスといえるでしょう。

　いうなれば，投資評価は，経営財務分野の「総合格闘技」です。

　本書の中で詳しく触れたとおり，投資評価を行うには，会計，経営，財務などあらゆる分野の知識と経験が必要だからです。これは，裏を返せば，皆さんがこれまでに得た知識や経験のすべてが役に立つともいえます。経験を積んできた経理パーソンが投資評価のスキルを習得するメリットの1つでもあります。

　前述のとおり自分が実務で苦労したときに，実務の観点で書かれた投資評価の書籍に出会えなかったことから，本書は，実務担当者の皆さまを完全に意識して，以下の3点を徹底しました。

①　実務の手順の流れで解説

　一般に，投資評価は時間価値や割引率の計算から入ることが多いのですが，実務では割引率を自分で計算する機会は実はまれです。それ以上に頻出し，実務で問題になるのは，コストの把握の仕方です。そこで，多忙な経理パーソンにとっての使い勝手を最優先して，実務の流れを目次に採用しています。

②　実務ですぐ使えるフォーマット類も提示

　これまでの私の書籍同様に，実務ですぐに使えるフォーマットを数多く紹介しました。加えて，エクセル上の計算式や関数の組み方，計算結果の確認の仕方まで，実務的な観点を細かく解説しています。実務はエクセルで行うことが

ほとんどであり，計算を間違えることは投資評価では致命的でもあるからです。

③　数学や英語が苦手な方にもわかりやすく

Σ（シグマ）などの数学用語は一切使わず，四則演算（＋－×÷）で説明しました。キャッシュフローを表すシンプルな棒グラフを除いて，グラフは入れていません。さらに，投資評価ではアルファベット3文字略語がよく使われるのですが，理解しやすいよう，原則として3文字略語に代わって用語は日本語を使っています。

これらが，投資評価の世界を必要以上に難しく見せている「3悪」だと個人的に考えており，できるだけハードルを下げたいと願ってのことです。

前2作に引き続き，中央経済社の坂部秀治さまには，私の実務への尋常ではないこだわりを理解していただき，ここまで伴走いただきました。「ママの本は，自分たちの絵本みたいに面白くない」と思い始めた様子の子どもたちをはじめ，家族の存在と応援はいつも大きな励みです。そして，変化が目まぐるしいこの時代をともに過ごしているすべての方に，心から感謝いたします。

先の読めないビジネス環境において，本書が経理パーソンの皆さまが個人として成長し活躍される一助となることを，願ってやみません。

令和3年　小満の日に

公認会計士　梅澤真由美

本書の構成

アウトプット	巻末付録　事例演習①②			
プロセス（長期 / 短期）	第2章 コストの捉え方	第4章 キャッシュフロー	第6章 正味現在価値と内部収益率 / 第7章 割引率	第8章 実務手順と報告
			第5章 回収期間と投資利益率	
			第3章 短期の手法	
インフラ	第9章　仕組みとスキル			
ベース	第1章　考え方			

本書の使い方

① 投資評価全体を丁寧に理解したい方や，経理パーソンとしてのスキル向上が目的の方は

　第1章から順番に読み進めてください。

② 投資評価の経験がなく，まずは投資評価の世界に触れてみたいという方は，第2章，第3章から読んでみてください。身近な事例に当てはめて考えてみると，効果的に投資評価がイメージできるはずです。

③ 目の前に評価すべき投資案件があり，とにかく時間がない方は

　第4章，第5章，第6章をまず流し読みしましょう。ここで概要を理解してから仕事に取り掛かり，不明点があれば都度本書の該当箇所を参照してください。

④ 投資評価の実務経験をすでに積んでいる方や，管理職の方は

　第7章，第8章，第9章を中心に読んでみてください。仕組みづくりや経営者への報告，担当者への指導など，社内の投資評価の向上に役立ちます。

CONTENTS

第2章 | 投資評価の基礎になる コストの捉え方

1 投資評価にとってコストとは ……………………… 32

2 機会コスト ……………………………………… 36

3 埋没コスト ……………………………………… 39

第3章 短期の投資評価の手法と実践

第4章 ｜ キャッシュフローと 案件全体像の整理

第5章 | 回収期間と投資利益率の指標

⚫時間価値の回収期間，収益性の投資利益率／122

第6章 **正味現在価値と 内部収益率の指標**

1 **時間の違いを換算で揃える** ················ 126

⚫時間価値と収益性を両立させたい／126
⚫額面が同じ100円でも実質的な価値は「今」のほうが高い／126
⚫利子率は時間の換算レート／128
⚫今時点に揃えるのは，日本円に揃えるのと同じ／129

2 **現在価値を計算する** ················ 131

⚫現在価値とは単純に今時点の価値のこと／131
⚫1年経つごとに割り算を1回増やす／132
⚫現在価値を足してみる／133
⚫ベクトルテストで確かめる／134

3 **正味現在価値** ················ 136

⚫現在価値を足すと正味現在価値になる／136
⚫計算式の骨格はこれまでの合計キャッシュフローと同じ／137
⚫正味現在価値は「早い」と「大きい」を両方カバー／138
⚫実際に正味現在価値を計算してみよう／139
⚫正味現在価値は大きいほうがいい？／140

第7章 割引率と内部収益率

第8章 | 投資評価実務の手順と経営者への報告

第9章 投資評価の仕組みとスキル

巻末付録｜事例演習

第 **1** 章

投資評価の考え方

1 投資評価を行う理由

●投資とはお金がどかんと初めにかかる取組みのこと

投資というのは，初めにお金が多額にかかるものの，その後に継続的な収益が見込める支出（会計上は費用処理する場合と資産計上する場合があるので，あえてここでは支出と呼びます）のことをいいます。

会社であれば，機械を導入したり，工場や物流センターを建てたりが最もわかりやすいかもしれません。一般にこれらは「設備投資」と呼ばれます。それ以外にも，何か新しい事業を始めるにも，最初にいろいろ準備が必要なので，こちらを「事業投資」と呼ぶこともあります。

大きなものだけではありません。これまではコーヒーポットを置いていた休憩室に，ドリンクサーバー（給茶機）を新たに導入するかどうかといったことも投資と考えることができます。なぜなら，初めに機械を買うお金がかかるけれども，それ以降美味しいコーヒーが少ない手間で楽しめるようになるというメリットが生まれるからです。

このように投資というのは，大きなものから小さなものまで，会社の中に数多く存在しています。それを採用するかどうかを決める考え方や検討の仕方を「投資評価」と呼び，本書で扱います。

●会社のカネには限りがある

なぜ手数をかけて投資評価を行うのでしょうか。その最大の理由は，会社の資金には限りがあるということです。

会社の経営資源はヒト・モノ・カネ・情報といわれます。これらはいずれも制約があり，各社はその中で，これらを最大限活かしつつ工夫しながら事業に

取り組んでいます。

　資金には限りがあるということを疑う人はいないと思います。会社の資金は，株主が出してくれた資本と債権者が提供してくれた負債が限度になります。とすると，いい投資案件だと思っても，なかなかすべてに取り組むのが難しいのです。そこで，複数ある投資案件の中から，どれが効率的なのか，どれが安全なのかを比較することで，限られた経営資源である資金を効果的に使うことができるのです。

●リスク評価にも役に立つ

　経営者が意思決定するにしても，株主が出しているお金ですから，経営者の勘で好き勝手に判断するわけにはいきません。どのくらいこの投資は儲かるかに加え，どのくらい危ないのかも合わせて検討することが，投資評価では基本です。

　投資は投機，つまりギャンブルとは違います。ギャンブルのように後は運頼み，結果は神のみぞ知る，では済まないのです。やるからにはある程度の勝算が必要です。そのある程度の勝算があるかどうかを判断するために使われるのが数値化です。

　よく用いられるのは，最悪の場合のシミュレーションです。最悪の場合にどれだけお金を失うことになるのか。その試算結果が会社にとって重大なものでなく許容範囲内といえるのであれば，実行しても安全といえます。こうやってリスクがカバーできるのかどうかを判断しているのです。

　投資に力を入れていることで有名な某大手通信会社グループは，投資を決める際に，2,000ものシナリオを検討するという話を聞いたことがあります。これもまさに最悪の場合を想定しておくということです。

4

●あらかじめ避難訓練していれば有事にも対応しやすい

　最悪の場合を想定しておくのはなぜでしょうか。これは，避難訓練と同じです。避難訓練をあらかじめ実施していくことで，万が一の場合にもそうでない場合に比べてスムーズに対応を行い，危機を乗り越えやすくなります。また，どういう出来事が危機の前兆といえるのかあらかじめ把握できるので，早めに動くことができます。こちらは，地震予知アラートと同じような役割です。

　もちろん，最悪の事態が発生する可能性の大きさもある程度考慮する必要はあります。可能性を踏まえながら，どのような条件が成り立つと危機につながるのか，そしてその場合にはどのような手当てが必要なのかをあらかじめ把握しておけば，その案件にも取り組みやすくなります。

●コーポレートガバナンス・コードも大きなきっかけ

　最悪の場合というのは考えたくない話かもしれません。しかし，リスクがゼロという投資案件は世の中には存在しません。2015年に制定された，上場会社が守るべきコーポレートガバナンス・コード（通称CGコード）では，「適切なリスクテイク」を経営陣に勧めています。

　意外かもしれませんが，「リスクをとらない」ことを勧めているわけではないのです。事業を行い継続的に成長するには，リスクをとっても投資を行うことが不可欠だからです。もちろん，何でもかんでもリスクをとるのは危なすぎますので，合理的な範囲でのリスクのとり方なのかを検討します。

　このときに具体的な方法として用いられるのが，まさにこの投資評価の手法なのです。現に，CGコードの制定以降，上場会社では定量的な投資評価に取り組む会社が大幅に増えました。以前は上場会社の中でも先進的な企業が中心でしたが，今では標準的な取組みといえるまでになってきた印象です。投資評価が，世のビジネスパーソンにとって不可欠な知識やスキルになってきているのです。

図表 1-1　　投資評価が必要な 3 つの理由

・経営資源（特に資金）は限りがある
・リスクを評価し，有事に備える
・コーポレートガバナンス・コードが導入された

●収益を伸ばすことだけが投資ではない

　投資評価は比較的規模の大きな案件に対して行うことが一般的です。投資案件というと，新規事業や工場建設といった収益を増やす方向の案件が想像されるかもしれません。実際には，費用を削減するための投資案件というのも存在します。むしろ，IT 化が進んだ2000年以降，管理部門を中心に，コストパフォーマンス改善を目指す投資案件が急増したと感じます。

　例えば，人事業務の外部委託化や，RPA による経理の一部自動化などです。皆さんの会社でも，このような取組みを実施中だったり，すでに完了しているかもしれません。

　会社にとっては収益を増やすことも費用を減らすことも，どちらも利益アップにつながるので，取り組む価値は同じなのです。

　社内では，このような取組みには，「○○プロジェクト」と名前がついていることも多いと思います。収益アップでも費用削減でも，投資案件に取り組むためには，部門横断的に人員を集め，全社的な協力を得るために「プロジェクト」化することが大半です。つまり，投資案件＝プロジェクトと考えると実務ではわかりやすいでしょう。

2 　投資評価の実務で絶対やってはいけないこと

●投資評価で間違いは決して許されない

　社内で投資評価を実際に行う案件は，会社にとって重要なものばかりです。多額の資金がかかったり，今後の会社の命運を握っていることも少なくありません。

　とすると，私たち投資評価の実務の担当者は，投資評価の実務において間違うわけにはいきません。私たちが間違うことは，その計算結果をもとに意思決定する経営者の判断をも誤らせることになります。

　つまり，私たちの間違いひとつで，会社の業績が左右されかねないのです。投資評価に関する重責を再認識して，緊張した方もいるかもしれません。しかし，皆さんに不安がよぎることからもわかるとおり，人間は間違えることもあります。最近流行のAIではなく，人間である以上，私たちはときに間違いをおかしてしまいます。それも，ほとんどの場合は無意識に。

●まずは間違いの発生を前提に進める

　「間違ってはいけないけど，間違ってしまう」。投資評価の実務というのは，このジレンマを常に抱えることになります。経理の方も似たような気持ちで日頃業務をされていると思います。

　本書では，このジレンマを具体的に埋める方法を丁寧に紹介していきます。つまり，実際に計算を進める際に，誤りを防ぐ方法や発見する方法を数多く解説します。

　投資評価に関する書籍では，計算式や定義を中心に紹介されることが多いと思いますが，本書の特徴はこの点にあります。つまり，本書は，「投資評価の

ための本」というよりも，「投資評価の実務を間違えないための本」といえます。私の知る限り，「間違えない」という実務において最も大事な点に注目した本はこれまでなかったのではないでしょうか。

●間違えないための実務の大原則

　投資評価の実務において，間違えないためには，重要な計算を行う都度，正しいかどうか確かめること（原則1）が重要です。漠然と数字を眺めていても誤りは見つけられないので，具体的なやり方を決めることが大事です。そこで，本書では，具体的な表や手順を含めて解説します。

　さらに，数字に関する感覚を活用することも重要です。「計算したらこうなった」というのではなく，「本当はこうなるはず」という仮説を持つ（原則2）ことが重要です。この仮説は，「大きいか小さい」といった程度で構いません。間違えたときというのは，あとから考えれば，「普通に考えたらおかしい」ということもよくあります。そこで，数字に関する普通の感覚を持ち，それに照らして違和感がないかを都度考えることも重要です。

　このように，投資評価というのは，実は計算できること以上に，確かめられることのほうがはるかに大事といえます。計算する際には，式がわからなければ書籍に記載されている計算式に実際の数字を当てはめて進めることもできます。つまり，暗記しなくてもいいのです。

　しかし，実際には，投資評価の知識というと，多くの場合，計算式や定義が中心です。ぜひ本書を通じて間違えない方法を身につけてください。

図表1-2　投資評価の実務の大原則

原則1：重要な計算の都度，「確認」を行う
原則2：あらかじめ仮説を持ち，結果と比べる

3 投資評価と意思決定の流れ

●投資評価のゴールは，やるやらないを決めること

投資評価はどのように進めたらいいのでしょうか。大きな流れは，

① 選択肢を並べる

② 判断基準を決める

③ 比較する

からなります。

この手順の結果，得たいのは「この投資案件を実施するのか，しないのか」という二択いずれかの結論です。

この流れは，会社の投資案件に限らず，お金に関する意思決定全般で使うことができます。ぜひ覚えておきましょう。

図表1-3　投資評価の流れ

| ① 選択肢を並べる | ② 判断基準を決める | ③ 比較する |

※この流れは公私の投資評価はもちろん，あらゆる意思決定にも利用可能

●携帯電話の乗り換えを例に考える，投資評価のステップ

わかりやすいよう，ここでは携帯電話の乗り換えという個人の例を使って，投資評価のステップを見てみましょう。

最近は，格安スマホを使う人も増えてきました。実際に私も2年ほど前に乗り換えたひとりです。

　乗り換えるには，今使っている携帯電話会社への解約違約金や新しい携帯電話端末の購入代金が必要になる場合もあります。会社の投資ほどではありませんが，個人にとっては多額の初期支出といえます。しかし，その効果として，以降の携帯代が安くなります。多くの人は，この累積効果を期待して，煩雑な手続きや多額の初期コストを我慢してでも，乗り換えを決めるのです。

　このように，個人の投資と会社の投資もその性質はよく似ており，そのため投資評価のステップも同じなのです。この携帯電話の乗り換えのケースでは，収益を稼ぐのではなく，費用が減りますが，手元のお金が増えるという点では効果は同じです。現に，会社の行う投資で費用が減るものもその実行に値します。

●まずは選択肢の情報を集める

　携帯電話の乗り換えのメリットがわかったところで，皆さんはどのように検討しますか。

　多くの方は，格安携帯会社の情報をまず集めるはずです。各社料金プランが異なるので，どのようなものがあるのかをインターネットなどを使って調べるのではないでしょうか。ここで大事なのは，網羅的に情報を集めることです。もし，すごく格安な料金プランを持つ携帯会社を選択肢から外してしまったら，お得度が下がってしまいます。そこで，格安携帯会社比較などのまとめ記事を見たり，SNSで他の人の乗り換えの投稿を確認して目星を付けるかもしれません。

　情報収集の手段は投資案件によって異なりますが，インターネットで調べる，詳しい人に聞くといったことは，会社の投資案件の場合にも通じます。選択肢に入れるべき案件が選択肢に入っていなかったら，そもそも選ぶことは絶対にできません。このように，検討の最初の段階でつまずくことを防ぎます。

　情報収集を上手に行うには，ビジネスパーソンのコアスキルとしてよく紹介されるロジカルシンキングが役に立ちます。

●次に判断基準を決める

　携帯会社の情報が集まったら，次は判断基準を決めます。判断基準というのは，投資の目的を踏まえて，具体的にどのような条件を満たしたいのかを明らかにすることをいいます。

　携帯の乗り換えの際，私の場合にはまず安くなることが第一でした。しかし，安い程度も大事です。切り替えるには手数もかかりますので，年間で数百円安くなる程度では割に合いません。そこで，2年間合計で1万円以上コストが安くなるというのを目安にしました。

　主な目的はコスト削減ですが，それ以外に通信が安定しているというのも判断基準に入れました。お昼や夕方などにつながりにくい会社もあると友人から聞いたことがあったためです。いくら安くてもつながらないというのでは困ります。

　会社の投資案件であれば，何を重視すべきかという自社の経営戦略に関する知識が有効です。

●最後に比較する

　これで，格安携帯会社の情報が網羅的に集まりました。そして，そこから選ぶための判断基準も決めました。いよいよ判断基準を使って，情報を判断していきます。

　もしかしたら，格安携帯会社の情報が集まったら，すぐに比較しようと思った方がいるかもしれません。しかし，各社，今だけのキャンペーンやオマケ特典などいろいろ工夫していますので，どうしても目移りしてしまいます。見ているうちに何が違うのかよくわからなくなってしまい，面倒になってしまう人もいるでしょう。

　私の場合には判断基準を前述の2つに決めたことで，各社の魅力的なウェブサイトから必要な情報だけをチェックすることができました。特に，料金プラ

ンをぱっと見て明らかに高い場合には，それ以上検討しなくていいと判断することができたので，時間を無駄に使わずに済みました。

また，まじめな方は比較表を作るかもしれません。私も間違えないように比較表を手書きで作りましたが，そこに書いた項目は 2 つだけでした。そうです，判断基準に選んだ 2 つです。基準が決まっていないのにいきなり比較表を作ってしまうと，数多くの項目が並んだとても大きな表になってしまうでしょう。なぜなら，選択肢も絞り込めず，項目も絞り込めないからです。

つまり，この手順を守ることで，効率的かつ効果的に投資の検討ができるということなのです。

●シミュレーションサイトも勉強になる

3 つのステップの中でも，最後の比較するという段階は，やり方次第でとても煩雑になるということがわかったと思います。これに対応するために，格安携帯各社のサイトには必ずといっていいほど備わっている機能があります。それは，「乗り換えシミュレーション」です。

多くの方は，私と同様に，格安携帯に切り替える理由は，やはりコスト削減です。その金額を各自が手で計算するのは億劫なことに目を付けて，前提となる情報をいくつか入力するだけで，いくらお得になるのかを計算する機能が，「乗り換えシミュレーション」です。金額を実際に目にすることで，「これだけコストが減るなら」と，乗り換え手続きを促す効果もあると感じます。

これを使えば，何年経過時はいくら得で，ということが容易に年数を変えて計算できます。期間を変えるのは手計算では面倒ですが，サイトなら一瞬です。また，今行っているキャンペーンの情報も織り込んであるので，漏れがないのもメリットでしょう。

このようにして，比較しづらいものを容易に比較することで，意思決定そして実行を促しているといえます。このサイトの仕掛けは，実は私たちがこれから行う会社の投資評価でも参考になります。

例えば，ふるさと納税の控除上限額を計算するシミュレーションサイトは，一回見てみるといいでしょう。全体の構造や入力項目などが，誰でも取り組みやすいよう工夫されています。また，何が省略されているのか，それは何故なのかを考えると勉強になると思います。

●指標の計算は，ステップ3の一部にすぎない

会社の投資評価を扱う書籍などでは，この最後のステップである比較をするための数値の計算方法について主に扱っていることがほとんどです。つまり，ファイナンスとして一般に紹介されている計算方法などは，比較を定量的に行う一手法ということができます。ですが，ここまで説明したとおり，私たちの生活の投資でも，そして会社の投資でも，それ以前の2つのステップも含めて押さえなくてはいけない点がたくさんあります。本書では，実務で使えるということを念頭に，すべてのステップを対象とし，実務でよく間違えがちな点やポイントを押さえていきます。

ちなみに，格安スマホの利用者は，高所得者が多いという話を聞いたことがあります。それは，このような投資評価の意思決定に慣れているためだと考えられます。もっと分解すると，情報入手に長けていること，数字を扱いなれているので苦手意識が少ないことなど，仕事での金銭的な意思決定に慣れているからともいえるのではないかと推測します。

この投資評価のスキルを身につければ，会社に貢献できるのはもちろん，自身の生活にも活かすことができるのです。

4 ┃ 投資評価で定量化するメリット

●定量化による「モノサシ」効果

　投資評価というのは，比較しやすくするために定量化，つまり数値化するという話をしました。定量化することのメリットはほかにもあります。

　投資評価をするときには，似た性質の案件と比べることが一般的です。例えば，工作機械を導入するなら，複数のメーカーの機械を比べます。しかし，それだけではありません。定量化することで，まったく異なる性質の案件も比較できるようになるのです。

　例えば，同じ時期に，大規模な広告キャンペーンを行う案件と従業員用の福利厚生を導入する案が上がったとします。どちらも必要な初期投資は2,000万円だとしましょう。このようなまったく性質の異なる案件を比べることもできるのです。また，今回の広告キャンペーンと過去に行ったそれとの比較をすることもできます。

　このように，定量化することによる「モノサシ」は，いろいろな場合に使うことができ，とても使い勝手がいいのです。このことが，投資評価において定量化が用いられる大きな理由のひとつです。

●進捗を客観的かつ効率的に管理できる

　さらに，定量化することで，投資実行後の進捗管理が容易になるのもメリットです。投資評価を行うのは，投資の実行前です。そのため，売上や初期投資額，コストなどの情報は，あくまでもその時点の見積りに過ぎません。

　そこで，実際に投資を実行した場合には，評価時点の見積りと実績が整合しているのかを確認することで，投資が予定どおりなのかを確認します。あらか

じめ数字になっている情報同士を比較するのは，容易であり，かつ客観的に行えるわけです。あらかじめ予定する収益が数字になっていれば，担当部門による「立ち上がりはこんなものでしょう」に対して，「そんなものなのかな」という曖昧なやりとりでごまかされてしまうことがなくなります。このような適当なやりとりは，私の経験では後にさらなる悲劇につながるので，気づくのは早いほうがいいのです。

　当たり前ですが，「投資は，初期支出して終わり」ではありません。冒頭に申し上げたとおり，投資というのは，「初めにお金が多額にかかるものの，その後に継続的な収益が見込める支出」ですので，収益などの効果がなければ意味がないのです。

　投資が成功か失敗かを判断するためだけに，進捗管理をすべきというわけではありません。予定どおりにうまくいっていないのであれば，それを早めに把握して対応することが大事です。軌道修正が必要なのかどうかを判断するための材料を，進捗管理することで得られます。

●外資系企業がこだわるPDCAを回すこと

　しかし，実際には，投資案件の承認を得たら最後，進捗管理を十分に行わない会社が非常に多いと感じています。稟議書を上げたり，経営会議や取締役会の資料を作ったり，関係する役員に個別説明に回ったりと，承認を得るのに要する手数があまりに多いからかもしれません。力尽きてしまったかのようです。これでは，前に述べたようなメリットを得ることはできません。

　私だけがそう感じているのかと思いきや，日本CFO協会が実施した「財務マネジメントサーベイ」（2019年）の結果においても，「現在，日本企業が問題を抱えている業務分野」として「投資モニタリング」が1位に挙がっています。つまり，多くの企業がすでに課題として認識しているものの，いまだ解決されていないのです。

　もちろんすべての会社が当てはまるわけではありませんが，外資系企業の勤

務経験がある私は，日本企業には，確かにそのような傾向はあると感じます。なぜ外資系企業が PDCA を回すことにこだわるかといえば，先に述べたような，得られるメリットがあまりに大きいからといえます。多くの日本企業はもったいないことをしているともいえるのです。

　まずは，簡単なかたちでもいいので，数字を振り返ることから始めるのもいいのではないかと思います。

●事後検証はナレッジマネジメント効果も

　さらに，投資評価に力を入れている外資系企業では，投資結果についての変動要因を徹底的に分析します。特に，うまくいった場合以上に，失敗した場合にはその傾向が強いのです。これは，早めに異常を察知して改善に取り組んだがそれでも難しかった場合に，何が得られるかといえば，失敗に結びついた要因が何かという経験知だからです。

　例えば，どの項目が見込み違いだったのか，費用がかかりすぎたのかそれとも収益が思ったほど伸びなかったのか，など要因を特定するときにも，それぞれの前提が数字化されていることが役立ちます。見込値と実績値のあいだで，容易に相違が確認できるからです。

　このように敗因を分析した結果を一般化させることで，「同じ轍を踏まない」ことができます。

　投資評価に限らず，一般的に日本の会社は，失敗と認めることをあまりしないのかもしれません。おそらく，特定の人物の評価に結びつけることをよしとしないためでしょう。その点で，少し進め方に工夫と配慮が必要かもしれませ

図表 1 - 4　投資評価のために定量化するメリット

・異なる案件を比較できる（「モノサシ」効果）
・進捗を容易に確認できる
・事後検証により組織にナレッジを貯められる

んが，人事評価だけを理由にして事後検証をおろそかにしてしまうのは，組織のナレッジマネジメントの観点からは大変もったいないことといえます。

5　判断基準に関する実務ポイント

●投資採否を決める判断基準は複数あることが多い

　すでに述べたように，投資評価は，あらかじめ定めた判断基準に対応する指標に基づき決定することが基本です。しかし，必ずしもそれだけを判断材料にするわけではありません。

　実務では，複数の判断基準を用いることがよくあります。

　例えば，海外から進出してくる小売業は，よく東京の銀座の繁華街に日本1号店を出します。ここに店舗を出すことで，流行に敏感な個人客の目に止まる機会が増えますし，メディアの取材などの広告宣伝による効果も期待できるからです。しかし，家賃はとても高く，店舗業では一般に家賃を売上の20％以下に抑えないと厳しいとされるのですが，それを大きく超えることも多いようです。赤字覚悟で出店するのは，おそらく前述の広告宣伝効果や，日本で売れるのかというマーケティングテストの意味合いがあるからなのです。

　上記の例では，出店段階で1号店の狙いを整理し，判断基準に落とし込んでいるはずです。そうすることで，新宿，銀座，池袋など候補となる店舗物件が出てきたときに，客観的な判断をスピーディに行うことができるのです。

●優先順位を明確にする

　複数の判断基準を設ける場合には，その優先順位をあらかじめ決めておきます。例えば，先ほどのケースにおいて，まずは「日本で展開していくことが本当に適しているのかを見極めたい」ということが最大の目的であれば，第1の判断基準にテストマーケティング効果を置くでしょう。そして，広告宣伝効果もある程度狙いたい，この店舗自体の利益は二の次ということであれば，第2

位に広告宣伝効果，第3位に店舗利益というふうに設定します。

　もしかしたら，店舗利益の優先順位が低いことに違和感を感じる方がいるかもしれません。「各部門の部門別損益計算書上の利益が最大になるように，各部門は行動すべき」という考えが実務では根強いのも事実です。しかし，それは事業の状況によって異なるものです。

　このケースのように，初出店ということであれば，まずは利益が出ることは難しいものです。これは，スタートアップ企業がしばらくは投資がかさみ，赤字が続くのと同じです。投資評価を行う場合には，通常皆さんが関わることの多い，軌道に乗った後の状態とは頭を切り替える必要があるということに注意をしてください。

　このように，判断基準の優先順位は，事業の目的や現在のステージに合わせて決めることが大事といえます。すでに日本に上陸して数年たった小売業であれば，おそらく，テストマーケティング効果の優先順位は高くないはずです。もしかしたら，店舗利益を最優先にする場合すらあるかもしれません。複数の判断基準は同じでも，事業や段階によってその優先順位は変わってきます。むしろ，変えるべきです。

　実務でも，複数の判断基準を選ぶことと，その優先順位を決めることは分けて行ってもいいと思います。投資評価にも通じるロジカルシンキングでも，情報を列挙することと，その重みづけは切り離して行うことが推奨されますが，それと同じです。まずは，網羅的に判断基準の候補を上げ，その中から採用する判断基準を決める。そのうえで，優先順位を明確にする。慣れている会社は一連のアクションを同時進行でできるかもしれませんが，そうでない場合には丁寧に順を追ってやるほうがいいでしょう。

●赤字限度額を設けるのも効果的

　先ほどのケースでは，店舗利益は優先順位第3位だと想定しました。しかし，実務においてはこれだけでは実は不十分です。というのも，赤字でもしかたが

ないとしても，巨額の赤字を生んでしまったら，会社や事業自体の存続にも関わるかもしれません。

　そこで，店舗利益の優先順位は高くないとしても，赤字限度額を決めておくのは効果的です。そうすることで，会社として許容できない規模の赤字が発生することは防ぐことができます。

　例えば，このケースであれば，**図表1-5**の「③店舗利益」という項目に，「※初年度を含め年間損失は2億円を限度」と書き加えておくといいでしょう。実際に書いておくことで，進捗管理や事後検証の際にも確実に参照することができます。

　しかしながら，実態としては，このような限度額を決めている会社はごくわずかという印象があります。「投資を始める前から最悪の場合を考えるのは縁起でもない」とする風潮があるのかもしれません。ですが，最悪の事態を避けるためにも，最悪の事態を明確に数字で定義しておくことが大事なのです。一般に，進出基準については持っている会社が多いのですが，撤退の基準も用意することをお勧めします。

図表1-5　店舗物件比較表のよい例

判断項目	新宿	銀座	池袋
①テストマーケティング効果			
②広告宣伝効果			
③店舗利益			

縦軸の項目からまず決める

●「後出しじゃんけん」はNG

　もうひとつの実務上の留意点としては，投資評価の判断基準やその優先順位はあらかじめ決めておくことです。出てきた投資案件について詳細を検討してからでは，特定の人にとって望ましい案件の採用につながる判断基準が優先されかねないからです。

20

例えば，先ほどのケースで，新宿，銀座，池袋と3つの店舗候補が出てきたとしましょう。判断基準を決めずに検討したところ，**図表1-6**のとおりの検討結果となりました。とすると，マーケティング担当者は広告宣伝効果が高い新宿物件を推し，財務担当者はいずれの物件も赤字になることに懸念を示して，議論が紛糾しかねません。一度それぞれの意向が生まれてしまうと，それを払拭するのは骨が折れます。ポイントは，個別の物件とは切り離して，一般論として客観的に投資の目的や判断基準を整理することにあります。

この流れは，すでに携帯電話の乗り換えを例に説明したものと同じです。なぜ比較する前に判断基準が必要なのか，さらによく理解していただけたかと思います。

投資案件は，関わる部門や担当者が多く，金額も多額なので，社内の調整が難しくなりがちです。スムーズに進めるためには，丁寧にステップを踏むことが大事といえます。

図表1-6　店舗物件比較表の悪い例

	新宿	銀座	池袋
①テストマーケティング効果	中	高	低
②広告宣伝効果	高	中	低
③店舗利益	△20	△40	△10

横軸，中身から埋めてはいけない

●事前に判断基準を明示すれば，事後検証もスムーズに

判断基準を決めておくことは，事後検証も容易にします。特に，これを明確に資料に書いておくと，後でとても役に立ちます。

幸いなことに初出店がうまくいったとして，その後3年で数店舗を展開したとします。とすると，複数店舗ある中でもし唯一1号店の店舗利益だけが赤字だとしたら，財務担当者は気になるかもしれません。なぜなら，この店がある

ことで，全体の利益を減らしてしまっているからです。

　しかし，もしこの 1 号店の現在の目的が， 1 に広告宣伝効果， 2 に店舗利益（ただし，赤字幅は年間 1 億円まで）ということであれば，これは許容すべきことと判断できます。事業全体のことを考えれば，むしろ広告宣伝に貢献する存在とみなせるのです。

　このように，時間が経つにつれ，何が目的なのかの認識が薄れ，数字ばかりに目がいく傾向があるのも事実です。数字というのはとかくわかりやすいものですし，事後検証を行うこと自体はとてもよいことです。しかし，その評価の判断基準を間違ってしまうと，つまりこの場合には赤字だからといってこの店を撤退してしまっては，事業全体に悪影響を与えます。

　投資評価については後からも経緯を確認できるよう，判断基準をはじめ重要な情報はぜひ記録しておくようにしましょう。

●特に新規事業はあらかじめ定量的な撤退基準を決めておく

　撤退基準をあらかじめ持つとよい旨はすでにお話しました。ここでは，その基準の決め方について見てみます。

　例えば，「累積赤字が 5 億円になったら，必ず撤退」と決めている会社もあります。もちろん，単年度の赤字が 2 億円という基準でも構いませんが，累積の損失に着目した基準を作る会社が多いように感じます。

　なぜなら，累積損失のほうが開始時点を起点として合計していくだけなので，基準としてわかりやすいからでしょう。単年度の基準を採用した場合，「あと 1 年待ってもらえれば赤字は縮小できる」とか「この事業は通常よりも黒字化が難しい性質を持つ」など，いつ時点で判断するかという点でブレが生じがちです。もちろん，これも当初に何年目に判断すると決めてもいいのですが，裏を返すと，それまでは撤退ができないということにもなりかねません。

　このように，撤退基準を実際に適用する際には，関係者の心情を配慮すると，非常に難しいものです。多くの場合，「あと一息なのに，せっかくここまでか

22

けたコストがもったいない」などと，本来は埋没コスト（第2章で説明します）のはずのコストを根拠に継続を求められます。そこで，できる限りもめないように，実態に合った，かつシンプルな基準をあらかじめ決めておくようにしましょう。

　中には，「成功させようと一生懸命取り組んでいる段階で撤退基準を決めるなんてとんでもない」と主張する方がいるかもしれません。しかし，あくまでも心情面では共感を示しつつも，「会社の将来にとってこの事業がプラスであることを確保するために」，と説明して理解を得るようにしましょう。

6 投資評価の位置づけ

● 投資評価は管理会計の一種

　ここまでの説明で，実務での投資評価の全体像が少しわかったと思います。そこで，理論的な面から，投資評価の位置づけを見ておきましょう。

　投資評価は，管理会計の一分野です。会計は，制度会計と管理会計の大きく2つに分けられます。制度会計というのは，会社法や金融商品取引法，税法といった法律や会計基準などに基づいて行う会計のことです。そして，管理会計は，会社がよりよく経営を行うために自ら取り組む会計を指します。ざっくりいえば，制度会計はやらされている会計，管理会計は自分のために自ら進んでやる会計といえます。

　本書のテーマである投資評価は，後者の管理会計の一分野です。CG コードにより上場会社では投資評価を行うことを期待されていますが，基本的には，会社が自ら行うものなのです。なぜなら，投資評価により，会社は効果的に，そして効率的に投資の成果を得ることができるためです。

　日本では注力する会社が多い予算管理も，管理会計の代表的な活動です。加えて，部門の評価や意思決定に用いる部門別損益計算書もとても普及しています。これらは，継続して行うことが多い管理会計活動であるのに対して，投資評価は投資案件が生じた都度行う活動という点で少し異なります。

　本書では，これ以降，実務で経理が扱うものを会計と呼びたいと思います。理論的には，投資評価も会計の一種ではありますが，おそらく実務の現状を考えると，経理という意味での会計と比較しながらのほうが理解しやすいのではないかと考え，会計と投資評価を比較するかたちで話を進めたいと思います。

図表 1-7　投資評価の理論的な位置づけ

```
会計 ┬ 制度会計
     └ 管理会計 ┬ 継続 ┬ 予算管理
              │      └ 部門別損益計算書
              └ 都度 ── 投資評価
```

●担当部門は経理のほうがまれ

　実務の中では，経理部門が投資評価を担当しないケースのほうが圧倒的に多い印象があります。どの部門が担当しているかといえば，経営企画部門が担うことが多く，次いで予算管理部門で，経理部門というケースは比較的少ないようです。

　その理由として，投資評価に必要な知識やスキルというのは，通常の経理に必要となるそれとは違うから，ということが挙げられます。それ以外に，通常の経理業務ゆえの時間の制約や，役員をはじめとする社内の調整などは経営企画部門の方が一般に長けていることが理由かと思います。

　誤解してほしくないのですが，これは「投資評価は経理部門にはできない」ということではまったくありません。あくまでも現時点の傾向に過ぎません。むしろ，経理部門が投資評価を担う場合のメリットはとても多いのです。すでに述べたとおり，投資は投資して終わりではなく，事後検証が重要です。この事後検証の段階で，経理の知識は大きく生きてきます。詳細は，第 8 章の 5 で解説します。

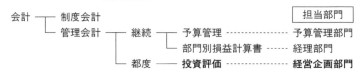

図表 1-8　投資評価の担当部門

```
                                        ┌ 担当部門 ┐
会計 ┬ 制度会計
     └ 管理会計 ┬ 継続 ┬ 予算管理 ……………… 予算管理部門
              │      └ 部門別損益計算書 …… 経理部門
              └ 都度 ── 投資評価 ……………… 経営企画部門
```

●投資評価と経理（会計）は別ものと割りきる

　先ほど投資評価に必要な知識やスキルは，通常の経理とは異なるといいました。このことをもう少し深く見ていきたいと思います。

　最近，MBA を取得するビジネスパーソンが増えています。このビジネスに関する学問の世界では，経理に関する知識はアカウンティングの科目で扱います。別の科目として「ファイナンス」があります。本書の対象である投資評価は，このファイナンスに含まれます。しかし，ファイナンスの中を見てみると，企業価値や株式の価値といった内容が紹介されていることが多いかもしれません。これらは，ファイナンスの中でも，コーポレートファイナンスと呼ばれる分野です。コーポレートというのは会社の意味ですので，企業や株式の価値が主な対象になります。いうなれば，「社外のファイナンス」です。

　本書では，コーポレートファイナンスは主な対象としていません。なぜなら，会社を買うということは一般のビジネスパーソンにとって関わる機会は多くないはずだからです。本書で投資対象にするのは，実務では「プロジェクト」と呼ばれることが非常に多いです。例えば，物流センターの建設や新事業の取組みなど，将来の利益を期待して初期投資が必要とされる取組みのことです。コーポレートファイナンスが「社外のファイナンス」であるのに対し，こちらは「社内のファイナンス」といえます。

図表 1 - 9　アカウンティングとファイナンス

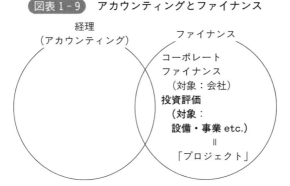

皆さんの社内にも，プロジェクトは数多く存在するのではないでしょうか。本書は，これらのプロジェクトを採用するかどうかを判断するため，定量的に評価する方法を解説することを目的としています。

●会計に比べて投資評価を学ぶ機会は圧倒的に少ない

投資評価をはじめとするファイナンスは，すでに説明した CG コードの影響もあり，近年取り組む会社が増えてきました。しかし，これまではコーポレートファイナンスが主流で，主に金融関係のビジネスパーソンが習得するものでした。

そのため，日本ではまだまだこれからの分野といえるかもしれません。現に，書籍をみても，書店に常に新しい本が平積みされ大きな売り場を構成している会計本に比べて，投資評価はすべての書籍に目を通すこともそれほど難しくありません。講座やセミナーも同様です。

また，海外，特にアメリカで活発に使われている分野ですので，用語の日本語訳に違和感を感じることもあります。さらに，それほど耳にする機会もないため，なじみが感じられないかもしれません。

講座や書籍でより学びを深めたいという方は，「コーポレートファイナンスに特化していないファイナンス」を目安にされるといいとだけ，ここではお伝えしておきます。ただし，コーポレートファイナンスも，本書で扱う投資評価と同様に，広い意味でのファイナンス理論をベースにしています。そのため，もしさらに企業価値について学びたいということであれば，すでに得た知識を十分活用することができます。

7　投資評価と会計の違い

　それでは，会計と比較するかたちで投資評価をより具体的に見ていきましょう。

　投資評価と会計の違いは，大きく次の3点で説明できます。

図表 1-10　投資評価と会計の違い

	会計	投資評価
時間軸	1年	複数年
評価単位	会社全体	事業
計算対象	利益（PL）	キャッシュフロー

●時間軸の長さの違い

　会計は，1年の時間の長さを基準にしています。どの会社も，1年間の成績を決算書としてまとめ，PLやBSを作ります。これは，皆さんご存じのとおりです。

　一方，投資評価では，時間の長さは複数年を基準にしています。投資案件ごとに，効果が続くと期待できる年数を前提とします。そのため，具体的に何年かは案件によって異なります。

　会計が対象にしている会社全体の経営は，当然ながら1年で完了するものではありません。ですが，どこかで区切らないと，経営成績も把握できないし，配当や納税も難しいということで，便宜的に1年で区切っています。また，どの会社も1年という共通の区切りで見ることで，お互いに比較することもできます。

　しかし，投資評価は何のために行うかといえば，投資全体を把握したうえで，

この投資が結局儲かるか儲からないのかを評価し，判断するためです。格安スマホの件でもお話したとおり，複数年見てみないと，ほぼすべての投資案件は正しく評価できません。もし仮に1年で区切ってしまうと，1年目は初期投資がかさんでしまうため，そこだけ切り取ると大赤字になってしまいます。ですが，これは投資案件の性質上当然であって，これをもって採否を判断してはいけないのです。

　このように，会計は便宜的に1年という期間を基準として採用していますが，投資評価ではより長い期間，複数年を基準にします。そして，具体的な年数は案件によって異なるのです。

●対象の大きさの違い

　2つ目は，対象の大きさの違いです。

　会計は，基本的に会社単位で決算書を作成します。会社はいろいろな事業や部門から構成されることがほとんどですが，それを集約して表すのが決算書の目的ともいえます。

　しかし，投資評価は逆の発想をします。投資の影響がある範囲だけを取り出して，その部分だけを評価の対象にします。そうすることで，投資前と投資後を比較することが容易になり，投資による効果をより明確に把握できます。同時に，範囲が絞られているほうが，評価に必要な作業も効率的に行うことができます。

　会計が対象とする範囲は大きく，会社に限られるため固定的です。しかし，投資評価の対象というのは，会計よりも小さく，また柔軟に設定することができます。このことは，時間軸を投資案件に合わせて決定するのと同じです。つまり，会計の「決まり」に引っ張られることなく，投資案件自体にフォーカスすることをどちらも目的としているのです。

●計算する数値の違い

３つ目は，数字の話です。

会計が大事にしていて，最終的に計算するのは，利益です。一方，投資評価
では，キャッシュフローを計算します。

2000年代以降，上場会社では，PL，BS に加えて，キャッシュフロー計算書
を作成するようになりました。そのキャッシュフローと同じです。ですので，
経理でキャッシュフロー計算書の作成に関わっている方は，その知識がそのま
ま活用できます。しかし，多くの上場会社では，一部の担当者だけがこの業務
を行っています。上場会社以外の会社も考えると，経理部門にいても大多数の
方は，キャッシュフローを自信をもってすぐに計算できるわけではないでしょ
う。ですので，本書では，具体的な計算の仕方は後ほど丁寧に説明します。

ここで押さえておいていただきたいのが，なぜ投資評価では利益ではなく，
キャッシュフローを数値として大事にするのかということです。

それは，恣意性が排除できるから，です。例えば，会計の利益は，減価償却
についてどの償却方法を使うかによって計算される利益の額は異なります。し
かし，キャッシュフローでは，実際にいくらお金が生まれたのかを計算します
ので，このような「決め」の問題が生じません。

●決めごとが多い会計，リアル重視の投資評価

実は，上場会社が決算書にキャッシュフロー計算書を入れるようになったの
も，会社の経営実態の本当の姿を把握するためでした。PL と BS だけでは，
「決め」次第で数字が変わってきますが，実際の資金に裏付けされたキャッ
シュフロー計算書は「決め」の影響をまったく受けません。

どういうことかといえば，償却方法には，定率法，定額法など複数あり，そ
の中から選びます。また，そもそも日本の上場会社が使う会計基準すらも，日
本基準を採用する会社もあれば，US 基準，IFRS を採用する会社も増えてきた

と，いろいろです。このように，実態が同じだったとしても，無数といっても
いい「決め」のどれを選ぶかで，大きく利益は変わってくるのです。

　ある意味，会計が第3の決算書としてキャッシュフロー計算書を採用したの
は，このような会計の弱点を補完するためともいえます。会計が投資評価をは
じめとするファイナンスの要素を取り込んだといってもいいのかもしれません。

　会計の利益は，「決め」による仮定計算を含むバーチャルな価値を表してい
るといえます。一方で，投資評価に用いるキャッシュフローは，実際の現金な
どをベースにしたリアルな価値なのです。

●わからなくなったらこの3つの違いに戻ってこよう

　説明した会計と投資評価の3つの違いは，本書を読み進める際には常に頭に
入れておいていただくといいでしょう。この後，具体的な計算や概念を説明し
ていきますが，必ずこの違いが影響してきます。特に，数値を計算するうえで
は，3つ目の計算する数字が利益ではなく，キャッシュフローだということは
とても大事です。皆さんが日頃なじみ深い利益ではなく，ここからの説明は，
キャッシュフローが共通言語になります。アタマを切り替えるようにしてくだ
さい。

　本書をお読みいただいている皆さんはすでに経理の知識をお持ちの方が多い
と思いますので，馴染み深い経理との違いを中心に押さえることが，効率的だ
と思います。会計アタマを，投資評価アタマに切り替えるのは，慣れるまでは
大変かもしれません。もし途中で混乱したりわからなくなってしまったら，こ
のページに戻ってきてください。

第 **2** 章

投資評価の基礎になる
コストの捉え方

1 投資評価にとってコストとは

●指標を計算するために，まずコスト情報を集める

すでに説明した投資評価の3つのステップでは，最後に比較するということでした。比較するためには，評価指標を計算する必要があります。そのために，案件ごとの数値情報を集めます。

代表的なものは，コストです。どのような投資案件も，多額のコストを必要とすることが多く，だからこそ投資評価という取組みを通じて，慎重に検討するのです。

そこで，実務の実際の作業の流れに基づいて，まずはコストを漏れなく集めるための考え方を理解しましょう。会計とは違う，投資評価やファイナンス独特のコストの捉え方がありますので，日常的な例を交えて丁寧に説明します。

●コストの見逃しが投資の失敗の大きな要因

投資が失敗する原因の主なものに，投資評価のときにコストを見逃してしまったことが挙げられます。なぜ，単なる事務ミスと思われることが，投資の失敗につながるのでしょうか。

投資評価の段階で，本来は発生するはずのコストが漏れてしまったら，投資案件の評価指標は本来よりも良く計算されます。ということは，本来であれば採用しなかった投資案件が，指標が良く見えたために採用され，実行される可能性が高くなります。しかし，実際に投資を行ってみると，当然ながらそのコストは発生するので，評価のときに期待していたほどの良い結果が得られません。つまり，本来よりも良く見えるために間違った判断につながりやすく，実際には思ったほどの成果が出ないという最悪の結果を招く原因になってしまう

のです。

　投資には不確実性が伴いますので，外部環境などの要因で失敗するのは，致し方ありません。また，評価指標を計算する際に，収益とコストの両方が影響するものの，収益は相手次第の要素が強いため，なかなか予測するのが難しいものです。

　一方，コストは社内で決めた結果発生するものですので，基本的には把握しやすいはずです。どうしても収益ばかりに目が行きがちですが，コストにも目を向けるようにしましょう。社内の単なるミスによる失敗は，許されるものではありません。

●コストこそが実務のカナメ

　本書が，コストの説明から始まっていることに違和感を感じている方もいるかもしれません。通常の投資評価やファイナンスを扱う本では，時間価値からスタートすることが大半ですので。

　しかし，その理由は，投資の失敗につながるのが，まさにコストの見積り漏れだからです。

　投資の失敗というのは，期待していたとおりの効果が上げられないことを指します。外部環境が理由で見込みどおりの成果が出ないのはやむを得ないのかもしれませんが，社内の実務的なミスのせいで効果が得られないのは，会社にとって致命的です。これまでこのような「悲しい」ケースを多数見てきました。社運をかけて投資するのであればなおさら，検討段階でも全力を尽くしたいものです。

　加えて，投資評価を行う際の手順が，まずはコストの集計から始まることも理由のひとつです。つまり，本書は，実際の実務の流れを踏まえるためにも，このような説明の順番を採用しています。実際に投資評価の実務の経験が少ない方も，本書の目次の順に読み進めていただければ，実務の作業もスムーズに進められると思います。

●コスト漏れを起こさない2つの実務ポイント

　しかし，コスト漏れを起こさないことの重要性はわかっても，実際の実務でどのように対処したらいいのかといえば，難しいものです。なぜなら，まだ知らないことについて，そこにないことに気づくというのは，性質的に困難が伴うからです。

　したがって，さまざまな観点や方法を使って何重にも網をかけ，できる限りその投資案件に関するコストの情報を引っかけるように努めることと捉えたほうが，より正確かもしれません。そこで，ここではコスト漏れを起こさないための大原則ともいえる2つのポイントを紹介しておきましょう。

　その方法の1つは，関係者「以外」へのヒアリングです。例えば，物流センターの移転プロジェクトという投資案件であれば，物流センター部門の人に主に話を聞くと思います。直接関係する部門ですから，すべてのコストについて把握していると期待してのことでしょう。しかし，残念ながら私の経験ではそうではないことが大半です。

　例えば，この移転に伴い，システムにも大幅な改修が必要な場合があります。しかし，そのコストや内容については物流部門では十分に答えることができませんし，最悪な場合には改修が必要だという認識を持っていないことすらあります。業務は部門ごとに分担して行われるのがふつうですので，部門横断的にコストが発生するような場合には，どうしても両者のあいだで抜け落ちやすいのです。

　そこで，関係ないかもしれないと思っても，なるべく広く各部門に話を聞くことが大事です。念のための行動が，投資評価に大きな影響を与えます。

　もう1つは，皆さんになじみ深いPLからアプローチする方法です。先ほどの物流センターの移転プロジェクトであれば，どのようなコストが発生しているかを，PLの上から下まで眺めて確認します。このとき，補助科目を使用している会社であれば，全社のPLを補助科目ごとに会計システム上で眺めるのもいいでしょう。また，物流センター部門の部門別PLがあれば，それを確認

するのも手です。まずは，現状の物流関係のコストを漏れなく把握し，そのうえで移転に伴って変化や動きはないのかを検討していきます。PL を使えば，現状について網羅的に把握できるため，漏れが減ります。

●コスト金額の正確性よりも，まずはコスト項目の網羅性を優先

コスト次第で評価結果が変わる，と話すと，人によっては事細かに金額の精査をする方もいます。しかし，金額の精度を上げる前に，コスト項目に見落としがないかを優先して確認するようにしてください。コスト項目が特定され目の前にあると，次は金額が正確なのかが気になってしまう気持ちはわかります。でも，最終的な投資評価の数値指標に，より大きな影響を与えるのは，多くの場合，コスト項目の見落としなのです。

コスト項目を見落としてしまうと，当然その金額が丸ごと含まれなくなります。コスト金額の精度が多少悪い程度であれば，その影響は，前者に比べて低いはずです。金額の正確さも気になるかもしれませんが，順番としては，コストの項目を網羅的に挙げたうえで取り組むようにしましょう。

2 | 機会コスト

　ここからは，投資評価で基礎となる理論について説明していきます。

　投資には，多くの支出が必要になります。これら支出の性質を正しく理解すること，そして正しく意思決定に用いることが重要です。

　用語の厳密な定義を一字一句覚える，というよりは，イメージを持っていただければ結構です。皆さんがこれらを学ぶ目的は実務で使うことですので，意思決定上の取扱いを正しく理解するようにしてください。

●この本を読むコストはいくら？

　皆さんは，投資評価のスキルを身につけたくて，今本書を読んでくださっているのだと思います。それでは，そのためにどのようなコストがかかっているのでしょうか。

　まず，この書籍の購入費用がかかります。もし買ったのではなく，公共の図書館で借りたのだとしても，図書館に行くための交通費が代わりにかかったかもしれません。そうであれば，交通費がコストになります。

　これ以外にも，本を読むためには，皆さんにとって貴重な時間も必要です。もしこの本を読むのをやめれば，大好きなゲームをしたり，YouTube を見てリラックスする時間にあてることができるでしょう。この時間で会社で働けば，残業代がもらえるかもしれません。しかし，それらを諦めて，代わりにこの本を読んで投資評価を学ぶことを自ら選んでくださったわけです。

　2つめに説明するのは，まさに諦めたことで失ったメリットをコストと捉える考え方です。「機会コスト」と呼びます。例えば，本を読む代わりに失った残業代が，この本を読むことの機会コストに当たります。

●機会コストは「たられば」利益

　一般的な定義では，一方の案を選ぶことで失ってしまった，もう一方の案から本来得られた収益のことを機会コストと呼びます。あっちを選んでたら，ああしていれば，という「たられば」利益と思っていただくとわかりやすいでしょう。

　そちらを選んでいたら得られたもの（＝利益）が，もう一方を選んだがために失ってしまったもの（＝コスト）というように，利益の逆のコストと捉える考え方です。

　皆さんの日常生活の中でも，すでに正しく使っていることが多い考え方ではないかと思います。現に，この本を今読んでくださっている皆さんは，先ほどお話したような意思決定を無意識にしているはずだからです。つまり，機会コストを捉えるうえでは，日常の感覚を活かすことができます。

●投資評価ではコストの捉え方が会計とちょっと違う

　この捉え方は，投資評価やファイナンスに独特と感じる方もいるでしょう。なぜなら，お金が実際には出ていっていないからです。経理の世界のコストというと，最終的にお金が出ていくことが原則です。

　経理の経験が長い方は，少し頭を切り替えていただく必要があります。そのためには，自分にとってわかりやすい例とセットで理解しておき，わからなくなったらこれらの例を思い出してみるといいでしょう。

●機会コストの使い方は「考慮する」

　機会コストがある場合には，2つの選択肢を比較するとき，必ず考慮してください。心配しなくても大丈夫です，皆さん，すでに日常でやっていますので。ゲームや他の楽しいことができなくなってもいいと「考慮した」うえで，この

本を読んでいるのと同じことです。

　会社の投資の意思決定に当てはめて説明すると，A案とB案があったとして，B案を選んだ場合には期待できる収益というのは，A案の機会コストになります。

3 　埋没コスト

●コンコルド効果で有名な埋没コスト

　すでに説明したとおり，投資評価の意思決定を行う場合には，複数の投資案件を検討することが一般的です。どちらの案を選んでも共通してかかるコストのことを「埋没コスト」と呼びます。

　埋没コストの例として最もよく引き合いに出されるのが，コンコルドという超音速旅客機です。フランスで開発されたコンコルド機は，実際に商業利用されたのは数年でした。廃止の理由は，燃費が悪く，採算が合わなかったからです。そんなことは導入前からわかっていたのではないかと，皆さんは思うかもしれません。それでも，利用が開始された理由は，多額の開発費用をすでにかけていたからといわれています。

●大きな投資には埋没コストがつきもの

　このコンコルド機の開発費用が，まさに埋没コストなのです。実は，開発途中で，燃費が悪くなることはわかっていたといわれています。このことがわかった時点で，取り得た選択肢は 2 つ。開発を続けるか，それとも中断するか。皆さんならどう判断しますか。

　ここで気がついていただきたいのは，続行するという案，中断するという案，どちらを採用したとしても，すでにかかった多額の開発費用はもう避けられないということです。すでに実施した開発は過去のことであり，今から変えることはできません。当たり前の話ですが，過去のことはどうやっても変えられません。

　それにもかかわらず，実務の中では似たような話をよく聞きます。例えば，

日本でも，製造工場ができ上がったときには，もう生産予定だった液晶パネルの競争が激化し，見込みどおりの生産量を確保することができなくなっていたという話を聞いたことがある方もいるかもしれません。それでも，「せっかく工場を建設したのだから」ということで，稼働し始めたものの，やはり思うようには売れず，結局，稼働するほどに赤字が膨らむことになりました。この場合の建設費用も，まさに埋没コストに当たります。

●フランス料理店のメニューで「差分」に目を向ける

　私たちが意思決定するときには，差分に注目するのが効率的です。

　わかりやすいよう日常的な例で考えてみましょう。初めて来たフランス料理店で，3つのコースがあった場合，皆さんはどのように注文を決めますか。決め方にはいろいろありますが，多くの方は，メニューを正しく理解するために，それぞれのコースの違いに目を向けるのではないでしょうか。真ん中のコースに比べて，「一番高いコースは，肉料理と魚料理が両方ついてくる」とか，「一番安いコースは，一品前菜が少ない」といったように。

　そうやって全体に目を向けることで情報量が多くなり，混乱することを防いでいるのです。このように，私たちは日常生活でも意思決定が容易かつ正しく行えるよう，差分に意識を向けているものです。

●「差分なし」の埋没コストは「無視する」

　とすると，会社で発生する投資案件でも考え方は同じです。複数ある投資案件の差分に注目することで，より正しく理解し，判断をしやすくすべきです。つまり，意思決定を行ううえでは，差分にならない埋没コストは「無視」します。

　一方，前述のように，「せっかくもう××したんだから」というもったいないと思う気持ちが，客観的に判断することを邪魔しがちです。このように，感

情がネックになりがちなのも事実です。

　個人の生活においても，まさにそうです。パチンコや宝くじなどのギャンブル好きな方によれば，「次は当たる気がする」「次こそは」と思うと，なかなかやめられないといいます。その根底には，「これまでかけた時間やお金がもったいない」という気持ちがあるようです。まさにこの時間やお金こそが埋没コストといえます。もう戻ることはないわけですから。

　会社でも，役員クラスの方ですら，注意深く聞いていると，これと似たような発言を意外にしています。ですので，埋没コストに騙されないコツは，このような「もったいない」気持ちに引きずられないように意識すること，つまり，理性と感情を切り離していただくことにあります。

　そのためにも，「何か埋没コストは発生していないか」という風に投資案件をまず見る習慣を身につけるのもいいでしょう。感情から始めるのではなく，理性から始めるのです。

4 機会コストと埋没コストを使ってみる

　埋没コストと機会コストについて何となくはわかったと思います。皆さんは実務で使うことが前提ですので，ここからはその考え方をもとに，簡単な投資評価の意思決定を実践してみましょう。

　イメージしやすいように，会社ではなく個人を例に，まず皆さん自身の立場から考えてみたいと思います。

●働き方改革時代の残業を考えてみる

　ワークライフバランス，働き方改革ということで，以前よりも残業に対する会社の姿勢が厳しくなっているようです。そこで，個人にとって残業がお金の面から得なのかどうかを改めて考えてみましょう。具体的には，残業をする場合と残業せずに食事にいく場合を比較します。残業する場合と残業しない場合に分けて，それぞれに発生する収益と費用を考えます。

　まず，残業する場合には，収益として，残業手当が発生します。管理職の方は対象外となると思いますが，それ以外の方は，1時間当たり例えば4,000円が支給されるとして3時間残業すれば，1万2,000円が残業手当として支給されます。そして，費用側は，残業の合間に食べるお弁当代として，残業を頑張れるよう奮発して焼肉弁当を食べたとすると，1,000円程度かかるでしょう。その結果，残業することでどれだけ儲かったかといえば，収益から費用を引いて，1万2,000円－1,000円＝1万1,000円の利益になります。

　一方，残業しないで食事に出かける場合には，収益は発生しません。残業手当は当然支給されないからです。費用はといえば，外食するとなると4,000円かかるかもしれません。やはり，お弁当よりは高くつきますね。先ほどと同様に，収益から費用を引いてみると，0円－4,000円＝マイナス4,000円ですので，

図表 2 - 1　残業する場合と残業しない場合の利益の比較

A案：残業する場合		B案：定時退社で食事にいく場合	
項目	**金額**	**項目**	**金額**
残業手当（3時間）	1万2,000円	該当なし	0円

A案：残業する場合		B案：定時退社で食事にいく場合	
項目	**金額**	**項目**	**金額**
焼肉弁当	1,000円	食事代	4,000円

収益

費用

4,000円の損失ということになります。

●利益が大きいほうを選ぶのは，個人も会社と同じ

　残業した場合には1万1,000円の利益が得られるのに対して，残業しないで食事にいった場合には4,000円の損失でした。ということは，単純に利益だけで比較すると，1万5,000円も，残業する場合のほうが利益が大きくなります。

　利益が大きいほうが評価が高くなりますので，結論としては，残業したほうがいいということになります。同僚に誘われたとしても飲み会に頻繁にいってしまっては，飲み会代がかさみます。そこで，多くの方は，ときどき残業，ときどき飲み会という対応をとるのでしょう。

　多くの場合は，無意識にこの意思決定を行っていると思いますが，この考え方は，すでに申し上げた会社の投資評価と同じです。会社の投資評価だからといって，難しく考えたり構えたりする必要はないのです。

●投資評価の流れも，個人と会社で共通

　残業に関するこの結論は，おそらく皆さんにとってそれほど違和感を感じるものではないでしょう。投資計画の流れも，すでに説明した3ステップと同様です。この後本書で説明していく会社の規模の大きな意思決定と何ら変わりま

44

せん。

①　とりうる案を挙げ,

②　それぞれの利益を定量的に計算し,

③　両者を比較する

ぜひ流れがわからなくなってしまったら, この残業問題の考え方に戻ってきてください。

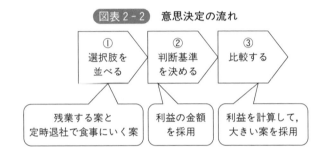

図表2-2　意思決定の流れ

●食事にいったら残業「手当」も機会「コスト」になる

ここでは, とりうる2つの案を比較していますが, 機会コストはあるのでしょうか。復習になりますが, 機会コストは「たられば」利益でしたので, 収益の欄に着目してみましょう。この表の中で収益は, 残業した場合の残業手当のみです。ということは, もう一方の案である食事に出かけた場合において, 残業手当が機会コストになります。

イメージで考えるとわかりやすいかもしれません。食事にいくということは, 残業しないわけですから, 当然残業手当は得られません。食事にいく場合には残業手当を諦めることになるため, そのことを機会コストと捉えているのです。

管理職の方はどうなるでしょうか。この場合, 機会コストは発生しません。なぜなら, 残業しても残業手当は出ないからです。

●埋没コストは無意識に無視することが多いもの

それでは，埋没コストは**図表2-1**の中のどれでしょうか。実は，図表2-1には埋没コストは含まれていません。

例えば，会社と自宅の往復の交通費や昼食代が埋没コストに当たります。これらは，2つの案を比べたときに，実はどちらでも発生しているはずです。つまり，残業しようがしまいが，交通費はかかるし，お昼ご飯は食べるからです。2つの案に共通してかかるもの，それが埋没コストでした。

では，なぜ図表2-1には出てきていないのでしょうか。それは，皆さんが，おそらく無意識に，それは気にしなくていいと考えたためだと思います。埋没コストのところで説明しましたが，「無視する」ことこそが埋没コストの正しい捉え方でした。

会社の投資評価においても，同様に考えればいいのです。名前は難しいかもしれませんが，皆さんきちんとこのように使いこなせていますから，心配はいりません。

●長い目で見てこそ本当の費用対効果がわかる

それでは，残業しないでセミナーに参加する場合は，投資評価をどう捉えたらいいのでしょうか。

収益は食事の場合と同様に発生しません。費用は，食事代の代わりに，セミナーの受講費用がかかるはずです。これがもし2万円だとしたら，なんとこの案は2万円の損失になるので，残業した場合と比べて，3万1,000円もの損ということになります。お金が稼げないだけでなく，万札が2枚出ていくのですから，大損というのは感覚的にも合います。

こんなに損をしてまでなぜセミナーにいくのでしょうか。それは，将来の収益につながることを期待しているからです。一晩のことだけを考えると3万円を超える損ですが，このセミナーに参加したことで業務に活かせるスキルが身

についたり，または人脈づくりにつながったりと将来的な効果を期待できるは
ずです。

　このように，投資評価では，短期の情報だけで判断できるタイプと，複数年
の長期で判断すべきタイプに分かれます。残業か食事かの選択は短期のタイプ
ですが，残業かセミナーかの選択は長期で考えるべきタイプといえます。

　このタイプ次第で，当てはめるべき手法が異なるので，まずはタイプを正し
く判別することが大事です。本書では見分け方を含め，この後，両方のタイプ
それぞれの評価の仕方を丁寧に見ていきます。

●残業削減ボーナスが効果的である理由

　働き方改革がスタートしたころ，残業削減賞与を支給し始めたシステム開発
会社がありました。残業削減賞与というのは，残業を減らすことができたら，
その時間分について残業手当として支払っていた金額と同額を支給するという
ものです。これが功を奏して，この会社は大幅な残業削減に成功したとのこと
でした。これはなぜなのでしょうか。

　先ほどの図表2-1をもとに説明することができます。この会社で，残業代
わりに食事にいったとしても，収益として残業削減手当が1万2,000円支給さ
れるとしましょう。すると，食事案の差引の利益は8,000円になり，残業案と
の差額が大きく縮まります。すると，残業しないでもいいか，となります。残
業したいわけではなく，お金が欲しいのであれば，このような行動は当然とい
えます。

　このように，私たち個人の行動も，損得に大きく左右されるのです。会社が
制度を設計する際，会社側の影響にばかり目がいき，個人にとってどうなのか
という視点が抜けがちです。特に，人事制度や給与制度などの変更といったプ
ロジェクトの場合には，対象となる個人がどのように行動するかについても，
お金の観点から定量的に考えてみるのが有効です。

5 　変動費・固定費

●変動費と固定費の本当の意味

コストの最後に，変動費と固定費を見ていきましょう。この言葉自体は聞いたことがある方が多いと思います。

念のため，変動費とは，売上に比例して増減するコストのことです。そして，固定費は逆に，売上が変動しても金額が変わらないコストを指します。

図表 2 - 3 　変動費と固定費の意味

・変動費：売上金額に比例して増減するコスト
・固定費：売上金額が変動しても金額が変わらないコスト

この考え方は，制度会計の PL には出てきません。しかし，投資評価を含む管理会計では非常によく使われる，管理会計 PL の基本となる考え方といえます。

投資評価において注意しなくてはいけないのが，通常，社内で固定費とされるものが，検討中の投資を行う際にも固定費になるのか，ということです。例えば，外部で賃借している物流センターの家賃は通常，固定費です。しかし，物流センターの拡張プロジェクトにおいては，借りるフロア面積が増えますので，家賃の金額が変わらないということは少ないでしょう。売上拡大を目指す新支店プロジェクトでも同様です。

つまり，投資というのは，現在抱えている課題を解決したり，さらなる収益を得られるようにするために行うことが多く，通常の費用の発生状況が続かないことがしばしばです。そこで，通常社内で使用している変動費・固定費という区分を鵜呑みにしないようにしましょう。これを怠ると，前述したとおり，コストの計上漏れの原因になり，最悪の場合，投資の失敗につながってしまい

ます。ぜひ，ゼロから見直すくらいの心構えで費用を精査してください。

● 投資評価における売上シミュレーションに役立つ

　変動費・固定費の区分がまったく役に立たないかといったら，そういうわけではありません。投資評価は，まだ見ぬ将来について検討するため，売上獲得を狙う取組みの場合には，獲得できる売上金額に確信が持てないこともよくあります。このような場合には，複数の売上金額を予想し，場合分けしたうえで試算するのが一般的です。

　例えば，おそらく5,000万円くらい売上が期待できると考える場合には，その上の6,000万円と，その下の4,000万円の場合の2つも含め，合計3つのシナリオを試算します。このとき，3つをゼロから作るのは大変です。そこで，変動費・固定費の考え方が役に立つのです。

　まず，5,000万円の売上を前提に各種の数字を計算します。これを売上5,000万円のシナリオとしましょう。そのうえで，売上4,000万円のシナリオを作る場合には，変動費の金額だけを売上に合わせて再計算します。同様に，売上6,000万円の場合のシナリオも作成します。こうすることで，手数を最小限にできるのです。このように，ある条件を変えて，いくつものパターンを試算することを「シミュレーション」と呼びます。

● 実務では，変動費・固定費が成り立つ前提条件が大事

　ここでいう変動費は，どのシナリオも投資を行うという前提に立ったうえで，獲得できる売上金額に応じて変動する費用を指しています。このように，変動費，固定費といっても，前提をどこに置くのかによって，該当する費用の種類は大きく変わるのです。

　先ほど物流センター拡張プロジェクトにおいては，通常は固定費とされる家賃も固定費ではないといいました。つまり，固定費と位置付けられるのは，物

流センターの広さが変わらないという前提が成り立つ場合ということです。例えば，取扱量が多くなった場合には，現状の物流センターの広さではパンクしてしまうので，「売上が現在の＋10％まで」などとより具体的に把握しておくのも実務では有効です。

　まずは，「前提次第で，固定費か変動費なのかは変わる」ということを理解しておくことが大事です。加えて，皆さんは自分の会社の投資評価を考える立場でしょうから，自社で現時点ではどのような前提が成り立っているのか，主要な費目だけで構いませんので，把握しておくことも必要です。

　この情報収集は，必要になったときにやろうとすると，本来の投資評価に入るのに時間がかかってしまいます。そこで，投資評価が必要になる前に，できれば通常業務を通じて押さえておくといいでしょう。

　同じ勘定科目の中にも，厳密に見ると，変動費と固定費が混ざっていることもあります。そこで，おすすめなのは，金額が大きい場合には，補助科目程度の単位で費用の中身を理解し，変動なのか固定なのかを判別しておくことです。

●固定費と聞いて思考停止してはいけない

　「固定費」と聞くと，すでに契約などに基づいており，見直ししたところで削減はできないと，「自動的に」あきらめてしまう人がいます。投資評価においては，これは NG です。

　投資を検討する段階では，先ほど前提条件を確認するようにと話したとおり，いつもと前提が変わることがよくあります。逆にいえば，それぐらい影響が大きい取組みだからこそ，投資と呼ばれ，丁寧に検討されるのです。

　ここは，日頃予算管理を担当している方は特に気を付けていただきたいポイントです。1年などの短期では，確かに固定費は変えられないことも多いですが，2〜3年といった中期以上の期間では，見直しが可能なはずです。

　固定費だからとそのままうのみにせず，削減の可能性はないのか，慎重に確認するようにするのが大事といえます。

●どの費用も差額に注目している

ここで見ている固定費・変動費という考え方は，実は先に説明した埋没コスト・機会コストと共通する点があります。それは，どちらも複数の案を比較するときに使う考え方という点です。

機会コスト，埋没コストというのは，主に2つの案を比較するときに使う考え方だというのはすでにお話したとおりです。変動費・固定費というのも，先ほど紹介したシミュレーションのように，特に売上金額を変化させた複数の案を比較するときに便利に使うことができます。つまり，変動費・固定費というのも，案件のあいだの差に注目しているのです。

意思決定というのは，いくつかの案を並べ，それを計算し，差を比べるという手順をとるといいました。この手順を実際にとるときに必要な計算に便利なのが，ここで紹介した4つのコストの考え方なのです。

実務では，これら4つのコストの定義だけではなく，実際の適用場面も合わせて理解することが重要です。

●用語の言い回しは気にしなくていい

ここまで4種類の費用を見てきましたが，実は，言い回しは複数存在します。

例えば，本書では機会コストとしましたが，機会原価，機会費用などという場合もあります。また，オポチュニティコストと英語で呼ぶこともあります（ちなみに，埋没コストは英語では，サンクコストです）。

これは，投資評価は海外から入ってきたゆえに，日本語訳が確立していないことによっているようです。意味していることは同じですので，あまり気にしないで結構です。他の人が使う場合があるかと思いますが，「サンクコストっていうのは，埋没コストのことだったな」と自分で理解し直せば十分です。

それ以上に大事なのは，実際に実務の計算で使いこなせるかどうかです。

第**3**章

短期の投資評価の手法と実践

1 外注するか自社で行うか

●オンラインアシスタントが人気な理由

　皆さんはオンラインアシスタントをご存じでしょうか。リモートで経費精算などの事務や情報収集などの業務を行ってくれる外部サービスです。いわゆる外部委託の一種で，人を雇うにも採用までに手間と時間がかかるし，そもそも1人必要なほど業務量はないし，という場合に人気のようです。月何時間というカタチで契約するため，その手軽さが受けています。

　人事部がこのサービスを導入したいという話を，皆さんのいる経理部に持ち込んできました。確かに，今社内には簡単な事務を担う社員が複数いますが，時期や人によって忙しさに波があるようです。この案を，投資評価の観点で考えていきましょう。

●オンラインアシスタントのコストを調べる

　オンラインアシスタントは，一般的に，月に30時間までの場合は月額84,000円というようにプランが分かれています。ウェブ上で調べると複数のプランが

図表3-1　オンラインアシスタントの場合（外注）

項目	金額
外部委託費（月30H）	84,000円

出てきますが，ここでは，とりあえず前述の最も少額のプランを考えます。

　このとき，経理処理する場合の勘定科目は外部委託費になります。投資案件を検討する際は，このように取引が発生した場合の勘定科目をあらかじめ検討段階で確認しておくといいでしょう。詳細は後ほど説明しますが，事後検証が容易になります。

　また，単位当たりの金額も換算しておくと，内容のイメージがより湧きやすくなります。割り返すと，1時間当たり2,800円です。ちなみに，会社が払う経理職の派遣社員の派遣料の相場が1時間当たり2,000円前後のようですので約1.4倍といえます。また，東京では最低賃金が1,000円を超えましたので，街中で見かけるアルバイト募集は1,200円のものも目にするようになりました。とすると，オンラインアシスタントの時給は，その2倍以上と捉えることができます。おそらく，それだけ秘書的な業務に慣れた方が担当しているのではないかと推測がつきます。

　このように，金額は自分の身近なものと比較し，その理由を簡単に押さえておくのもいいでしょう。そうすることで，相場観が身につきます。相場観を知ることで，例えば，他の部門が人件費の試算を出してきた際に，業務内容の割には安すぎるのではないか，と質問することができます。

　実は，単価を実際よりも安く見積もるというのは，どうしてもその案件を通したいときに，よく使われる手です。他部門から出てきた試算のチェックポイントだともいえます。

●どのような職種に効果的か

　単位当たり情報は，もう1つ計算することができます。月当たりの利用可能時間は30時間ですから，月当たりの営業日数を平均して20日程度とすると，1日当たり1.5時間と計算できます。こうすることで，およそ1日1〜2時間を稼働時間とする業務に適しているとアタリがつけられます。

　実務で投資評価を考える際には，数字と会社の実状を照らし合わせながら進

54

めることが大事です。思ったよりも効果が出ない結果になるのは，このような整理をせずに，机上の空論のまま進めてしまった場合が多いと感じます。

●現状を数字にする

次に，現状でかかっている費用を整理してみましょう。今は外部委託費がかかっていない代わりに，この業務に取り組んでいる社員の人件費が発生しています。

具体的には，給料や賞与に加え，退職金や会社負担の保険料などです。それぞれの金額をとる場合には，勘定科目ごとに確認すると便利です。例えば，給料，賞与引当金繰入額，退職給付費用，法定福利費といった具合です。これらは，人を雇うときに本人に対して支払ったり，法律で会社が負担することが決まっている費用です。

これらに加えて，オフィスの家賃や水道光熱費なども人を雇う場合の必要コストと捉え，このような試算に含めるやり方をとる会社があります。つまり，人を雇う場合には，働いてもらうスペースが必要であり，かつ水道光熱費も発生するという考え方です。これらのコストを占有費用（オキュパンシーコスト）といいます。

占有費用を含めるかどうかは，会社の判断で問題ありません。多くの会社は，

図表3-2　正社員の場合（内製）

項目	金額
給料	300,000円
賞与引当金繰入額	100,000
退職給付費用	20,000
法定福利費（15%）	60,000
福利厚生費	5,000
（賃借料	）
（水道光熱費	）
合計	485,000円

前述の人件費関係のみを試算の対象としているようです。

●自社の「1人当たり」を押さえておく

　このように，現状の人件費情報をスムーズに持ってくるためには，あらかじめ主要な項目について，1人当たりの単価を押さえておくといいでしょう。

　まず，給料について，会社全体の給料を従業員数で割って，1人当たりの給料を求めます。このとき，分母と分子が整合していることを必ず確認しましょう。例えば，分子が全社員の給料の金額なら，分母も全社員の人数を持ってきます。もし従業員数の変動が大きい場合には，期末在籍人数ではなく，のべ人数を用いればより正確です。また，アルバイトが多い会社であれば，平均時給を知っておくと便利です。

　そのうえで，1人当たりの賞与の金額，1人当たりの社会保険料の金額をそれぞれ個別に計算してもいいのですが，おすすめなのは，給料をベースにして再計算できるように情報を押さえておくことです。例えば，賞与は通常，年間で6か月分の支給ということであれば，それをもとに容易に再計算できます。また，社会保険料も，健康保険，厚生年金保険，雇用保険などの料率を整数単位でいいので押さえておけば，給料から再計算できます。

　このように各要素ごとに分解して押さえておくことで，試算を行う際に使いやすくなります。特に，投資評価の場合には必ずといっていいほど人件費が含まれますので，使用頻度は高いものです。また，他人が試算した結果を検証する際にも，これらの情報と比べることで確かめることができます。

　また，投資案件によっては，早急に意思決定する必要がある場合があるので，概算でもいいので「叩き台」を出してほしいといわれることがあります。このような場合に，もし正確な数値を出すまでに時間がかかるのであれば，取り急ぎ1人当たり単価を使って計算するという方法もあります。ただし，この場合には，あくまでも概算値だと伝えるのを忘れないようにしましょう。

　なお，実際に試算に当てはめる場合に，1人当たりの平均値を持ってくる方

法と，実際に今いる人の単価を持ってくる方法と2つの方法がありえます。どのように使い分けるべきなのかだけ理解しておいてください。一般的には，1人当たりの平均値を使うという方法がとられることが多いでしょう。その理由は，実在する各個人の人件費の情報は取扱いに細心の注意が必要なことに加え，たまたま現在その仕事についている人の単価が高い場合に個人の単価を使ってしまうと，結論が異なる場合があるためです。

●網羅性を確保するために

　自分の記憶をもとに，人件費関連の項目を拾い上げましたが，これで不足はないのでしょうか。すでに述べたとおり，投資評価の失敗の最大の原因は，試算時点での項目漏れです。これを防ぐためにも，念入りに手を打つ必要があります。

　まず，簡単にできる方法として，自社のPLを見るというのがあります。会社内で何か活動すれば，必ず費用として反映されます。その性質を利用するのです。

　具体的には，人件費関連の勘定科目を見て，自分が見落としているものがないか点検します。補助科目のレベルで見てもいいでしょう。例えば，多くの会社では，「給料」の勘定科目の中に，「残業・割増時間外手当」の補助科目があります。それを目にすれば，残業代の試算への反映はこれでいいのか，と再度確認すべき項目が見つかるかもしれません。

　それ以外に，主管部門に質問するのも効果的です。この場合なら，人事部に実際の試算を見てもらい，他に影響しそうな要素はないのか確認してもらいます。やはり「餅は餅屋」ですので，違った角度から，見落としに気がついてくれることもあります。

　投資評価ではさまざまな案件が持ち込まれますので，すべてを熟知しておくのは不可能です。自分の手持ちの知識だけでカバーする必要はありません。それ以上に，調べ方や詳しい人材を知っておくことのほうが大事です。

2 | 管理会計の視点から結果を考察する

●オンラインアシスタントのほうが断然安くなる理由

現状およびオンラインアシスタントに変更した場合のそれぞれの試算が出たうえで，次は評価をします。

現状の正社員の場合には，月当たりのコストは485,000円ですが，オンラインアシスタントに変更した場合には84,000円です。ここで，「大幅に安くなるので，オンラインアシスタントにすべき」と結論づけてしまうのは，まだ早すぎます。なぜそうなるのか，そしてそれは妥当なのかの吟味を必ず行いましょう。

今回，これだけの差が出ているのは，この業務に必要な稼働時間は月当たり30時間と少ないためです。通常，正社員の場合は月の労働時間は150時間前後（20日×7.5時間）です。これに対して給料を支払いますが，実際に働くのがそれよりも大幅に少ない場合には，稼働しない時間が生じるため，その分のコストは無駄ということになってしまいます。

このように確かめることで，ミスを発見することができます。投資評価は会社に与える影響が大きいので，要所要所で自分でもチェックする必要があります。また，投資評価は人の雇用に影響する案件も多いため，一部のメンバーのみで秘密裏に進めることもよくありますから，十分にチェックしてくれるメンバーのアテがない場合も想定しておきましょう。そのためにも，数字の計算方法だけではなく，セルフチェックする方法を同時に身につけておくことを強くおすすめします。

●固定費の変動費化は世の中の流れ

　このように，実際の稼働時間が少ない，または季節によって繁閑の差がある場合によく用いられるのが，アルバイトなど労働時間数を柔軟に変えやすい雇用形態の従業員を雇う方法です。さらに柔軟に対応したい場合には，今回のような外部委託や派遣社員の採用が検討されます。特に，最近外部委託が増えているのは，日本では法律の関係で一度雇用契約を結ぶと見直しが難しいことも影響していると思います。アルバイト化や外部委託化に共通するのは，固定費である人件費を変動費化する点です。

　例えば，皆さんは，レストランに出かけて，いくら食べても定額料金の食べ放題と食べた分だけ料金を支払うアラカルトのメニューの両方があった場合，どちらを選びますか。たくさん食べる人は食べ放題を選ぶでしょうし，小食もしくはどれくらい食べるかわからないと思う人はアラカルトメニューを選ぶでしょう。

　固定費を変動費化する効果は，まさにこれと同じです。アラカルトメニューを選んだ場合には，得をすることはなくなりますが，損を避けることができます。経理部が決算を乗り越えるために，決算時期だけ派遣社員を頼むというケースがあります。これも，雇うと固定費になりますが，必要な時にだけ変動費で賄うという考え方をとっているわけです。近年増えているカーシェア，シェアオフィスなども同様です。初めに購入する際に多額の費用がかかる車や設備が，初期投資なしで使えるようになるのは，新規事業や設立間もない会社にとっては資金負担の面からも効果が高いといえます。

　このような理由から，これまでは固定費を払うしかなかったものを，使うときだけ変動費を支払えばよい従量課金タイプのビジネスが最近は非常に増えているのです。

●サブスクリプションが増えているのも管理会計で説明できる

　費用が固定費から変動費化するビジネスが増えている一方で，収益は固定化が進んでいます。サブスクリプション（継続的売上）サービスが増えているのをご存じの方も多いと思いますが，これはまさに収益の固定化です。

　個人にとっても，1回登録すれば，毎月など定期的にサービスが受けられるのは便利です。それだけではなく，サービスを継続するほど本人の好みに応じてサービス内容が自動的に調整されるなども，喜ばれている理由のひとつです。

　一方，会社にとっても大きな管理会計的なメリットがあります。まず，見込客から顧客を見つけるのに，通常は大きなコストがかかります。例えば，営業パーソンの人件費や広告宣伝費です。しかし，サブスクリプションであれば，一度契約したら基本的には契約が継続するので，一度きりのサービスに比べると，これらのコストが低く抑えられます。また，多少の解約は発生するにしても，大部分の顧客は継続することが見込めるため，収益が安定的に見込めるのも大きな利点です。

　つまり，費用は変動費化し，収益は固定化することが，変化の激しいビジネス環境下で事業を進めるうえでは基本パターンといえるのかもしれません。

3 実務は計算後から始まる

●計算の「あと」こそ実務では大事

　これで，2つの場合の計算結果がそろいました。しかし，投資評価の実務は，ここからがもっとも大事です。

　先ほどのオンラインアシスタント導入案は，人事部から依頼されて検討していた案件だとします。この場合，計算結果だけを渡せばいいかといえば，そうではありません。どのような前提を置いているのかや，どう結果を解釈したらいいのかということまで説明しておくことが必要です。定量だけではなく，定性も大事といいましたが，ここでも数字だけで完結するわけではないのです。

●実現可能性にも気を配る

　計算結果を伝える際に，特に重要なのが，試算結果が「机上の空論」ではないことを確認することです。

　このケースであれば，まず，業務の内容がオンラインアシスタントで代替可能なのかの確認が必要です。オンラインアシスタントはその名のとおり，遠隔で業務を行うわけですから，会議室や来客へのお茶出しといった業務を行うことはできません。しかし，経費精算や飲食店の予約などは問題なくできます。

　このように，現在行われている業務内容によっては，いくらコストが安くても，そもそも担うことが難しいという場合もあります。

　さらに，元いた人員はどうなるのかという点も注意が必要です。前述のとおり，日本の労働法規では従業員に辞めてもらうことは難しいために，これまで担っていた業務がなくなってもそのまま在籍が続くという場合がありえます。もしそうであれば，この従業員の従来の人件費に加えて，オンラインアシスタ

ントの外注費も発生しますので，余計にコストがかさむ結果になってしまいます。つまり，試算では，元の従業員に辞めてもらう，または配置転換先があることを前提にしていますので，この点が問題ないのかを念のため確認することが望まれます。

●これまでの経緯も配慮する

　実現可能性とも関係しますが，なぜ従来このような方法をとっていたのかも合わせて確認しておくことも大事です。オンラインアシスタントのケースであれば，以前は業務量が多かったので専従の従業員を置いていたが，少しずつ業務量が減ってきてそのままになっていたなどが理由として考えられます。そうであれば，単純に業務量の変化ということで，オンラインアシスタントへの切り替えも比較的進めやすいはずです。しかし中には，以前外注を検討したものの，当時の人事部長の意向で内製を続けることになったなど特殊な事情が明らかになることもあります。その場合には，説明の仕方にも配慮が必要です。

　現実問題として，以前生じた懸念点に今回はどのように対応できるのかをあらかじめ検討しておかないと，採用に結びつくことはまれといえます。さらに，従来の方法と異なるやり方を提案すると，否定されたような気分になる人もいますから，感情面への配慮も多少必要です。

●単なる計算だけなら問題集でも練習が可能

　このような投資評価の検討のパターンは，「内製か外注か」の検討と呼ばれます。公認会計士試験の管理会計科目や，簿記 1 級の原価計算でも出題されるものです。もし計算をもっと練習したいということであれば，これらの問題集を解いてみると，計算方法自体は身につきやすいと思います。

　計算方法自体は，問題集に出てくるものと実務は何ら変わりがありません。実務と問題集で大きく異なるのは，情報の入手方法です。問題集では問題文で

情報が与えられますが，実務では自分でそれを集める必要があります。さらに
は，どのような情報が必要なのかも自ら考え，どうしたらその情報を入手でき
るのかも，そしてその数字が正しいのかもすべて自分で確認しなくてはなりま
せん。

　つまり，投資評価の実務は，計算前と計算後こそが大変といえます。これら
は，ここで紹介したポイントを参考に，実践の中で経験を積んでいくのがいい
でしょう。

4　価格変更

●実務でよくある価格変更の影響を考える

　もうひとつ，身近な題材を使って，投資評価を練習したいと思います。コンビニエンスストアのおにぎりです。皆さんも買ったことがあると思いますが，コンビニのおにぎりはときどき「全品100円」などの値下げをしています。これを題材に，商品の価格変更について評価をしてみましょう。

　マーケティング部門から，現在の売上原価とA，B2つの案について，販売単価と予測販売個数の情報を渡されました。また，現在のおにぎりの売上と売上原価（変動費のみ）は経理部内で用意できました。この情報をもとに，まずこの2案について利益を計算してみましょう。

図表3-3　おにぎりの値下げ

　あるコンビニで，主力商品であるおにぎりの値下げキャンペーンを企画しています。
1. 値下げ案は2つあり，それぞれ販売単価と販売個数は次表のように予測されています。
　 空欄部分を計算してください。

	販売単価	販売個数	売上	売上原価（変動費のみ）	利益
現在	200	100	20,000	6,000	
A案	150	300			
B案	100	500			

2. 1.の結果をもとに，あなたはA案とB案のどちらをすすめる提言をしますか。

●まずは計算骨子から考える

手元に情報が集まったとしても，どのように計算を進めていいかわからない人もいるかもしれません。このような場合，何を計算して出すことがゴールになるのかをまず考えてみます。

価格変更をはじめとする商品のキャンペーンを行う際に，必ず聞かれるのが，売上と利益への影響です。そこで，今回も，現在，A案，B案の3つについて，売上と利益を計算しましょう。利益を計算するためには，売上原価を計算します。ここでは，それ以外の費用に影響がないようですので，それは埋没コストとして無視します（ただし，実際には，A案・B案を行う場合には，広告宣伝費などがかかることが多いです）。

次に，売上と売上原価を計算するのに必要な情報を考えます。売上は，販売単価×販売個数で計算できますので，すでにどちらも手元にあります。売上原価をどのように分解するかは重要です。分解の仕方はいくつか考えられますが，売上原価＝1個当たりの売上原価×販売個数と分解すれば，すでにある販売個数の情報を活用できます。残る1個当たりの売上原価は，現在の売上原価を現在の販売個数で割り返せば，これも計算できます。具体的には，6,000円÷100個＝1個当たり60円となります。

●売上原価に含まれる固定費の扱いに注意する

実務では，このような前提となる情報をもらった場合に，それが固定費か変動費かを確認するのを忘れないようにしてください。

この問題では，売上原価は変動費のみと書かれていますが，もしこの中に固定費が含まれていたらどうしたらいいでしょうか。売上原価のうち固定費の金額を確認して，残りの変動費部分についてだけ，先ほどのような1個当たりの売上原価の計算をする必要があります。なぜなら，固定費は売上に関係せずにかかる費用ですので，現在，A案，B案とすべてに対して同じ金額がかかるは

ずです。ということは，これらの案を比較するときには固定費部分は埋没コストになりますので，意思決定上は無視すべきなのです。

　実務では，手元にすでに集まった情報をもとに骨子をつくるほうがイメージが持ちやすく進めやすいと思います。一方で，主管部門が「どのような情報が必要ですか？」と逆に聞いてくることもよくありますし，この変動費と固定費に分けた売上原価のように，必要な情報を自分で特定できるスキルも大事です。完璧なものでなくてもいいので，まずは骨子を考え始めることが少なくとも必要です。時間が限られることが多い実務では，瞬発力のある対応が求められます。

●表を使って全体像を整理する

　価格変更やキャンペーンの場合には，一般に，前提条件，売上，利益の 3 つが最も注目されます。前提条件はすでに与えられているので，売上と利益を計算します。

　売上は，販売単価に販売個数をかけて計算します。利益は，このように求めた売上から売上原価を引きます。そして，売上原価は先ほど求めたそれぞれの場合の 1 個当たりの売上原価と販売個数を掛け合わせることで計算できます。このようにして計算されたのが，**図表 3 - 4** の数字です。

図表 3 - 4　計算結果

	販売単価	販売個数	売上	売上原価 （変動費のみ）	利益
現在	200	100	20,000 ＝200×100	6,000 ＝60×100	14,000 ＝20,000－6,000
A 案	150	300	45,000 ＝150×300	18,000 ＝60×300	27,000 ＝45,000－18,000
B 案	100	500	50,000 ＝100×500	30,000 ＝60×500	20,000 ＝50,000－30,000

●計算後は確認を忘れない

　計算が終わると，すぐにどの案がいいのかに目が向きがちですが，その前に必ず数字の確認をしてください。暗算程度，ざっくりで大丈夫です。

　例えば，売上ならば，A案，B案の順に単価を下げ，その下げ幅以上に個数が伸びていますので，結果的に売上金額は増えると考えられます。この考えと，図表3-4の中の数字も整合していることを確認します。次に，1個当たりの売上原価は一定ですので，各案の売上原価の金額は販売個数に比例するはずです。これも実際に比例しています。

　そして，利益は利益率に着目します。利益額に目をやると，売上と売上原価の2つの要素が影響しますので，シンプルに確認するため利益率を対象にします。暗算で計算すると，利益率は70％，60％，40％と確かに低下しています。これは，販売単価を下げていることと確かに整合します。

図表3-5　計算のチェック方法

> 売上：前提条件の動きに対して，方向性やその大きさに違和感がないか
> 原価：個数に比例しているか
> 利益：単価の推移と利益率は整合しているか

●結論は計算結果ではなく目的次第

　図表3-4が正しいことが確認できてはじめて，結論を導く段階に入れます。図表3-4を見ると，売上金額が最も大きいのはB案，利益金額が最も大きいのはA案という結果になりました。

　まず，ここで結論を導くもとになるのが，このキャンペーンの目的です。もし売上を確保したいのであればB案を採用すべきですし，利益の上乗せのためにということであればA案です。したがって，このような試算を行う前に，依頼相手からこの取組みの目的や判断基準をあらかじめ聞いておくといいで

しょう。また，あらかじめ判断基準を定めておくことで正しい判断が素早くできます。これらは，すでにお話したとおりです。

　もし今回の値下げの目的が，「改良した自社のおにぎりの美味しさを体験してもらい，今後のリピーターを増やす」ことで，売上や利益は二の次ということだったとしましょう。多くのお客様に手にとっていただくことが大事なので，判断基準として販売個数が考えられます。その結果，販売個数が多いB案を経理部からの提案とすべきでしょう。

●自社の商品の特性を把握して，想定外を避ける

　もうひとつ，注意を払わなくてはいけないのは，ビジネスや商材の性質です。一般に，必需品以外について定期的に値下げを行う場合は，買い控えが起こりやすいといわれます。

　例えば，皆さんがコンビニエンスストアに行って，おにぎりが値下げキャンペーンをやっていたと想像してください。昼食を買いに行ったのであれば，喜んで買うでしょう。しかし，その翌週またコンビニにでかけたら，通常の値段でおにぎりが販売されていました。定価で買うのが何となく損な気がして，昼ご飯にはパンを買うかもしれません。このように，需要の先食いを起こす可能性もあるのです。トイレットペーパーもよく特売が行われますが，長期保管が可能ですので，需要の先食いが起こりやすいものです。

　また，最近は食品を扱うドラッグストアも多く，店頭に並ぶ食品を見ると，スーパーよりも安いものが目立ちます。安い理由は客寄せ商品だからです。お会計のために店内に入ると，風邪薬が売っているのが目に入り，ついでに買ってしまったという経験のある方もいるでしょう。薬品は一般に利益率が高いので，薬品の"ついで買い"を誘うために食品を赤字覚悟で値引きしているのです。このような場合には，食品の利益云々ということはあまり問題になることはないでしょう。

　だからといって，売上や利益の金額を計算することは決して無意味ではあり

ません。取組みによりどれだけの利益を失うのかをあらかじめ把握し，許容できることを確認しておくことに意味があるのです。つまり，赤字になることが問題ではなく，「想定外に」赤字になることが問題なのです。

●ブランドイメージにも配慮が必要なことも

生活に身近なこれらの商品はよく値引きされますが，一方で，値引きされない商材にはどのようなものがあるでしょう。代表的な例は高級ブランド品です。デパートで夏冬のバーゲンセール期間にも高級ブランド品だけは対象外ということがほとんどです。

なぜかといえば，バーゲンセールの対象になるのであれば，買い控えが生じます。また，最大の理由は，これらは大切な人へのギフトに使われることからもわかるように，高級なイメージを売り物にしており，一時的でも値下げされたら，そのイメージが悪くなります。つまり，存在意義が失われてしまうのです。とすると，基本的に値下げはしないという戦略こそが大前提のビジネスといえます。とはいえ，実際には売れ残りが生じるのですが，多くのブランドではファミリーセールというかたちで，従業員や関係者だけを招いたクローズドなセールを開催していることがほとんどです。そうすることで，ブランドイメージと在庫処分の両立を図っているのです。

●実務ではマーケティングや経営企画部門と連携

計算した結果の判断の仕方について注意点を3つお話しました。取組みの目的自体は，依頼してきた部門の担当者の方に聞けば教えてもらえると思います。これは難しくないので，正しい結論を導き出すためにも，必ず確認しておきましょう。

後の2つ，商品の特性とイメージについては，少し難易度が高いかもしれません。必要に応じて，マーケティングや経営企画の部門と相談するといいで

しょう。理想をいえば，必要になったときといわず，常日頃からこのような情報に少しずつ触れたり，考えを深めておくといいと思います。経理担当者には関係ないと思うかもしれません。しかし，多少でも，これらの知識を持つことで，より適切な提言が可能になりますし，投資評価の検討がスムーズに進められるはずです。

5 撤　　退

●拠点の状況を把握するためには，部門別 PL が役に立つ

　経理部門には，さまざまな相談が寄せられます。先ほどのように価格を変更
する取組み以外にも，現在やっていることを中止するような案件の場合もあり
ます。例えば，今ある拠点を廃止したいという話が来た場合，皆さんはどのよ
うに検討すればいいでしょうか。

　まず，拠点ごとの状況を把握するには，部門別損益計算書（以下，部門別
PL）が大変役に立ちます。拠点を複数持つような一定規模の会社では，部門
別 PL を作成していることがほとんどです。しかし，実際には「作りっぱな
し」になっている例が多いのですが，これを評価に活用することができます
（部門別 PL について考え方や作り方などより詳しく知りたい方は，拙著『管
理会計の仕組みと実務がわかる本』を参照してください）。

●部門別 PL を正しく読むには共通費の取扱いがカギ

　実際に部門別 PL を見てみましょう。**図表 3 - 6** は，A 支店と B 支店の部門
別 PL です。どちらも見てのとおり，営業利益がマイナスなので，撤退を検討
しているとのこと。営業部門から，「どちらの支店から撤退したほうがいいの
か，経理の立場から助言をしてほしい」と頼まれました。確かに，どちらも営
業損失が発生しており，特に B 支店のほうが A 支店よりも大きな損失を出し
ているようです。

　売上からその他支店費までは各支店に紐づく項目です。しかし，本社費はそ
の名のとおり，本社にある管理部門の費用ですので各拠点では発生しません。
これはいわゆる共通費です。今回は，各拠点の今後を考えるのがお題ですので，

図表 3 - 6　部門別 PL

	A 支店	B 支店
売上	100	100
売上原価	40	40
売上総利益	60	60
人件費	30	30
賃借料	10	10
その他支店費	15	10
本社費	10	20
営業利益	−5	−10

そのためにはまず各拠点の現状を正しく把握する必要があります。そのために
は，各拠点とは関係ない共通費が営業利益に反映されてしまっているので，こ
れを抜いて考えることが大事です。

●適したカタチに変えて見る

そこで，2 つの支店に加えて，本社という項目を追加してみます（**図表3
- 7**）。これで，場所別に横軸を用意することができました。そのうえで，本社
費もその発生場所である本社の下に数字を移動します。A 支店と B 支店の営
業利益を再計算すると，両方ともプラスになりました。これは，費用である本
社費を抜いたためなのですが，この数字の意味合いを大事にしてください。

本社費を抜いた各支店の利益は，各支店に直接関係する売上と費用だけで計
算されています。ということは，この本社費抜きの営業利益こそが拠点の本当
の業績です。つまり，両支店は，利益をきちんと稼いでいるという実態を表し
ています。

本社費は，売上を稼ぐ部門（プロフィットセンターと呼ばれます）に費用を
負担させる配賦を行うことが一般的です。しかし，配賦を行うと，各拠点には
直接関係ない費用まで負担させられることになってしまうのです。そのため，
拠点単体の業績を見たい場合には，本社費のような共通費は外す必要がありま

72

	A支店	B支店	本社
売上	100	100	
売上原価	40	40	
売上総利益	60	60	
人件費	30	30	
賃借料	10	10	
その他支店費	15	10	
本社費			30
営業利益	5	10	−30

図表3−7　本社費を別にした部門別PL

す。

　また，別の視点からも説明してみましょう。もしA支店またはB支店がなくなった場合，本社費はどうなるでしょうか。基本的には，本社に影響はしないでしょうから，本社費自体の金額は変わらないでしょう。拠点に関する他の費用は，その大半はなくなるのに対して，本社費は引き続きかかるのです。ということは，本社費は埋没コストですので，この判断には含めてはいけないのです。

●既存のかたちが誤った判断を招くことも

　計算結果である本社費抜きの営業利益がどちらもプラスということは，結論として，どちらの支店も撤退すべきではないといえます。これらの視点はそれぞれ5，10と小さいながらも利益を稼ぐことで本社費を賄ってくれているのです。もしどちらかでも支店を閉鎖してしまったら，この利益が失われてしまいます。もともとの部門別PLの営業利益を見てしまうと，マイナスゆえにどちらも撤退すべきと判断しがちです。これは，まったく逆の判断です。

　このように，既存のかたちのままでは判断を誤る可能性があるということをぜひ覚えておいてください。「部門のことだから部門別PLを見ればよい」と安易に考えるのはとても危険です。投資評価においては，さまざまな指標が出

てきますが，この指標が意味しているものは何なのかを自分の頭で確認することが大事です。

●その他の実務的チェックポイント

それ以外にも，部門別 PL を使って検討するには，いくつかチェックすべき点があります。

まず，対象となる拠点の状況を部門別 PL が正しく示していることを使用前に確認してください。例えば，一時的に業績が悪くなっているのであれば，その期間の PL を使うべきではありません。そこで，実務的には，少なくとも 1 年分の PL を入手するなどの対応をします。

また，オンラインアシスタントの検討でもお伝えしましたが，支店を撤退した場合に人員はどうなるのかもあらかじめ確認してください。もし引き続き雇用するのであれば，人件費はかかり続けますので，その分を試算に反映する必要があります。

さらに，業績が悪いとしても，何か改善の余地はないのか，または改善のための活動はとったのか，も確認するようにしましょう。

撤退のような判断は人の雇用に影響を与える可能性があり，会社にとっても大きな決断であると同時に，個人の人生を左右しかねません。ですので，慎重すぎるくらい丁寧に確認してちょうどいいと思います。

6　短期の投資評価のまとめ

●結局「どちらがオトクか？」を見ている

オンラインアシスタントの導入，おにぎりの価格変更，支店の撤退と，3つのまったく異なる種類の検討を見てきました。実は，この3つに共通点があることに気がつきましたでしょうか。

それは，どれも，差分に注目しているということです。オンラインアシスタントであれば，外注の場合と内製の場合で比べて，どれだけ費用の金額に差があるのかが判断材料でした。次のおにぎり値下げでは，利益の金額がどれだけ違うのかという視点で，現状とA案，B案を比べました。

業績不振の支店の撤退を検討する際には，一見，差分に注目しているようには思えないかもしれません。ここでは，実は，撤退したらなくなる利益に注目していました。

●比較対象を間違えない

もしかしたら，表の形式から，A案とB案を比べた，と考えた方がいるかもしれません。実は，そうではなく，今のままの状態と撤退した場合をここでは比べています。撤退候補がA支店とB支店の2つ存在するということです。

つまり，ここでは，A支店について現状と撤退時の比較をし，かつB支店についても現状と撤退時の比較をしているのです。なお，A支店またはB支店のみ，どちらか1つの撤退を検討する場合にも，同じやり方で実施できます。

●差額を捉えるためのコストの考え方

本書で，埋没コスト，機会コスト，固定費・変動費を丁寧に説明してきた理由は，まさにここにあります。これらは，すべて比較の際に正しく差額を捉えるのにとても役に立ちます。逆に，このコストの捉え方を間違えてしまうと，全額見落とすことになりますので，計算結果に大きな影響があります。

投資評価を検討する際には，これらの差額を捉えるコストの考え方は，極めて重要な基礎です。このような実践的な計算の中で使えるまで，理解しておきましょう。

●まずは大まかに骨子を作って，必要な情報を漏れなく集める

このような検討を実務で行う場合には，まずどのような情報が必要なのかを明らかにし，検討の流れの骨子を作ることから始めましょう。

そのうえで，「おそらくこういう結果になるだろう」という仮説まで立てて進めることができればさらに効率的です。仮説というのは，例えば，オンラインアシスタントの検討であれば，時間当たりの単価がポイントになって，オンラインアシスタントのほうが安価だという結論になるのではないか，といった大まかな結論のことです。方向性がわかれば，どのような情報が必要なのかに立ち戻ることができ，不足している情報があれば追加できます。実際に計算を行う前に，このような確認ができれば，大きな手戻りが生じにくくなります。

●金額の細かな正しさは影響しないことも

しかし，実務では，オンラインアシスタントの時給単価が2,800円ではなく，他の会社なら3,000円の場合もあるといったように，試算に用いた項目の細かな金額で議論になる場合もよくみかけます。3,000円だったとしても，やはりオンラインアシスタントのほうが現状よりも割安という結論に違いはありませ

ん。

　目に見えているものにどうしても目が向きがちのため，費用ごと丸ごと見落とすという失敗を，残念ながらよく見かけます。

　すでに何度も触れたとおり，金額の細かな正確さよりも，項目の網羅性に注意を向けるべきなのです。そのためにも，まず骨子を作るという進め方は役に立ちます。

●定性情報を押さえる

　定性情報は，最終結論を判断するうえで重要だとすでに述べました。何かこういう投資とかプロジェクトの評価を頼まれたときには，ぜひ，きっかけや経緯を確認するようにしてください。その中に最終判断に役に立つ定性情報が詰まっています。

　「定性情報として考慮すべきことはありますか？」と聞いても各部門の方はピンとこないことがほとんどです。なぜなら，無自覚だからです。代わりに，「どうしてこの取組みをするんですか」と尋ねることで，「いや実は，○○常務がコストのことをずっと気にしてて……」などと，根本にある問題意識が引き出せます。この情報を踏まえて，項目の金額の前提に反映したり，これ自体を判断基準に使うことができます。定性的な判断基準として少し加工すればいいのです。ちなみに，実務では，どの人が「言い出しっぺ」なのかを確認しておくと，これまでの経験もあわせて，ツボ＝何が重要なのかの判断がつきやすくなることが多いものです。

　社内で投資を実際に進めるためには，投資評価の計算だけ行えばいいわけではありません。その計算結果を踏まえて，目的にかなっているのかを確認することが重要なのです。

第4章

キャッシュフローと
案件全体像の整理

1 | 長い時間がかかる投資評価とは

●時間の流れを考慮する投資評価とは

　ここまで見てきた3つのケースは，どれも時間の流れを気にしなくてよい短期タイプの投資評価でした。いよいよここからは，時間の流れを考慮する長期タイプの投資評価を考えてみましょう。

　まず，ここまでとここからで何が違うのかを確認しておきます。ここまで見てきた短期タイプは，「複数年を考える必要がない」ものでした。例えば，オンラインアシスタントや撤退支店の検討であれば，毎年同様の状況を想定しますので，どちらの案をとるにしても毎年同じ費用のかかり方になります。また，おにぎりの価格変更も，数日間程度のことですから，年を超えて考える必要はありません。このように，何年分かの期間について考える必要はないパターンといえます。それがここまでの短期の投資評価でした。

●グラフでみるとわかりやすい

　しかし，ここからは，複数年の期間について考えるパターンの投資評価の世界が始まります。つまり，時間の流れを考慮します。わかりやすくいえば，はじめにドカンと初期投資があって，その効果が複数年期待できるような，設備などの投資がこれに当たります。

　グラフにすると，もっとわかりやすいでしょう。

　ゼロ年目（投資時点のことを，投資評価の世界では「0年目」と呼びます）に多額の初期投資支出が発生して，そこから生まれる儲けが複数年にわたり発生します。後ほど詳しくお話しますが，投資評価の世界では，お金が出ていくことを「キャッシュアウト」，お金が入ってくることを「キャッシュイン」と

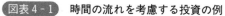

図表4-1 時間の流れを考慮する投資の例

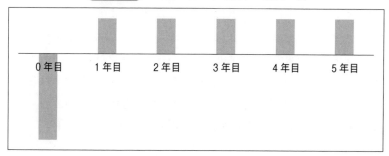

0年目　　1年目　　2年目　　3年目　　4年目　　5年目

セットで呼びます。つまり，初期投資によりキャッシュアウトが発生し，その後，儲けがキャッシュインとなります。

　キャッシュインには，収益を新たに生み出す場合だけではなく，費用が浮く場合も含みます。例えば，照明のLEDに切り替える取組みもこれに当たります。初めにLED器具の投資が発生しますが，その後の電気代が浮きますので，これも投資と考えることができるのです。

　収益や費用といった会計用語を使わないのは，投資評価の世界では，実際のお金の出入りを重視するため，混乱がないよう，独自の用語を使い分けているのです。お金がプラスならイン，マイナスならアウトと，むしろシンプルに考えることができるのは投資評価の特徴といっていいでしょう。

●実務ではどちらのタイプなのかをまず見極める

　実務で重要なのは，時間の流れを考慮すべきタイプなのかどうかを早いタイミングで見極めることです。本書ではわかりやすいように分けて解説していますが，当然ながら実務では区別されて表れるわけではありません。皆さん自身がどちらのタイプなのかをまず見極めて，検討の進め方や計算の仕方を選ぶ必要があります。

　詳しくはこれから解説しますが，両者は，計算方法が大きく異なります。し

80

たがって，なるべく早いタイミングで，できれば案件を依頼された直後に，どちらのタイプなのかを判別できれば効率的に進められます。

　ざっくりとした見分け方としては，先ほどいったとおり，「初めにドカンとキャッシュアウトが来て，後から数年でキャッシュインが来る」タイプであれば，時間の流れを考慮するタイプと考えていいと思います。見分けるためのキーワードは，「初期投資（キャッシュアウト）」「複数年の効果（キャッシュイン）」などです。例えば，研究開発や工場投資がこれに当たります。

●会計と投資評価の違いをもう一度

　ここで，今の話を踏まえて，もう一度会計と投資評価の違いを見てみたいと思います。この表はすでに p.27 で見たものと同じです。

図表4-2　投資評価と会計の違い（図表1-10再掲）

	会計	投資評価
時間軸	1年	複数年
評価単位	会社全体	事業
計算対象	利益（PL）	キャッシュフロー

　まず，時間軸について，はじめに多額のキャッシュアウトが発生して，その後複数年にわたってキャッシュインが続くものであれば，やはり1年単位で見てはいけません。会計の1年という区切りではなく，複数年通しで見ることで全体が正しく判断できます。

　また，計算対象という観点では，キャッシュインやキャッシュアウトという言葉のとおり，キャッシュフローの観点で見るのが投資評価といえます。会計で行う減価償却は，役に立つ期間を想定した「みなし計算」であるのに対して，投資評価は現実のキャッシュの出入りだけに注目します。会計の見方では，減価償却方法として定額法を選ぶか定率法を選ぶかによって，結果の利益は変わってきます。もし会計を使って評価してしまうと，結論が1つには集約でき

ないということです。つまり，会計では答えは複数あるのです。しかし，キャッシュに注目した投資評価では，答えは1つしかありません。

　むしろ，会計に慣れた方からすると，投資評価に見方を変えるのは違和感があるかもしれません。しかし，この違いは計算を正しく行うためにはしっかり理解していただく必要があるので，しつこいですが，もう一度説明しました。この後の実際の当てはめ方を見て，さらに慣れていければいいと思います。ここからは，キャッシュという現実だけに着目した投資評価の世界に入っていきます。

82

2 キャッシュフローと利益の違い

●キャッシュフローと利益の違い

　投資評価と会計では見方が違うという話をあらためてしました。この後の実際の計算につなげるために，もう少し具体的に見ていきましょう。

　会計上の費用というのは，2つの種類に分けることができます。実際に現金が出ていく費用と，実際には現金が出ていかない費用です。すでに学んだ投資評価の言葉でいえば，前者はキャッシュアウトがある費用，後者はキャッシュアウトがない費用といえます。ちなみに，会計用語では，前者は「現金支出費用」，後者は「非現金支出費用」と呼ばれます。単に，日本語か英語かだけの違いですね。

　主な例としては，交通費や人件費は実際に支払が発生しますので，現金支出費用に当たります。減価償却費はどうでしょうか。これはすでに説明したとおり，減価償却費100と書かれていたとしても，実際の支出は投資時点にもっと大きな金額で発生していたはずで，みなし按分に過ぎません。したがって，非現金支出費用です。同様に，固定資産売却損が計上されていたとしても，その金額の支出が発生するわけではありませんので，これも非現金支出費用の仲間です。

　すでに説明したとおり，投資評価の世界では，実際のお金の動きを大事にするため，会計上の利益の代わりに，実際のお金の動き，つまりキャッシュフローで考えます。どうしたらキャッシュフローが計算できるかといえば，皆さんになじみのある会計をもとに，そこから調整するかたちをとります。

　現金支出費用は，実際にお金が出ていっているので，投資評価でも考慮する必要があります。つまり，そのままでいいのです。しかし，減価償却費のような非現金支出費用は，投資評価では対象外とするので，会計と投資評価の差と

図表 4 - 3 ▍ 2 種類の費用

種類	意味	例	投資評価用語	投資評価での取扱い	会計（利益）からの計算の仕方
現金支出費用	現金が出ていく費用	交通費人件費	キャッシュアウトがある費用	対象	調整不要
非現金支出費用	現金が出ていかない費用	減価償却費固定資産売却損	キャッシュアウトがない費用	対象外	調整必要

して調整が必要になるのです。まずは，実際にお金が出ていかない費用は，バーチャルなので，調整が必要と覚えておいてください。

●減価償却費を例にお金の動きを捉えよう

ここで，以下の図表 4 - 4 の簡単な PL を例に，キャッシュフローを考えてみましょう。この PL は，4 つの勘定科目から成り立っています。売上，人件費，減価償却費，税金です。それ以外は計算で求められる利益です。

売上はすべて現金売上と考え，税金もすぐに現金で納めると考えましょう。では，残りの人件費と減価償却費は，先ほどの整理の中の現金支出費用と非現金支出費用でいえば，それぞれどちらでしょうか。

代表例として取り上げたとおり，人件費は現金支出費用，減価償却費は非現金支出費用です。つまり，この PL の中の 4 つの勘定科目のうち，売上，人件費，税金の 3 つはお金の動きを伴いますが，減価償却費だけはお金の動きは伴いません。

このことは，利益にどのように影響するかといえば，この PL の利益28よりも，実際に現金はもっとあるはずと考えられます。なぜかといえば，利益の計算過程で，減価償却費の金額20を引いていますが，この分の実際のお金が出ていったわけではないためです。つまり，利益28に減価償却費20を足した48が，実際に手元に残ったお金なのです。このことを，投資評価では「キャッシュフロー48」と表現します。

どうやって計算したかといえば，非現金支出費用に当たる減価償却費だけを調整しているのです。会計上の利益から投資評価の世界のキャッシュフローを計算するには，その差分にだけ注目して調整すれば手っ取り早いので，この計算方法が一般によく使われています。

この方法は，会計で出てくるキャッシュフロー計算書の作り方と同じです。キャッシュフロー計算書は，その名のとおり，投資評価に用いるキャッシュフローとまったく同じ考え方を会計でも採用しているためです。経理の経験が長い方ほど，実はこの調整計算に苦戦することがあります。長年慣れた経理のみなし按分計算の世界とは性格が違うので無理もないと思います。そのような方は，キャッシュフロー計算書についての解説書を確認していただいたり，計算を練習していただくのもいいかもしれません。

図表 4 - 4　PL の中から調整項目を見つける

PL			CF の動き
	売上	100	あり
	人件費	40	あり
	減価償却費	20	なし
	税引前利益	40	
	税金	12	あり
	税引後利益	28	
CF	減価償却費	20	
	キャッシュフロー	48	

3　キャッシュフロー計算の作業手順

●PL からキャッシュフローを計算する

それでは，実務と同様に，投資評価におけるキャッシュフローの計算をやってみましょう。

先ほど，PL の利益に対して調整を加えることで，キャッシュフローを計算できるという考え方のお話をしました。実務での計算も，これとまったく同じです。つまり，会計上の PL を用意して，これをもとに，キャッシュフローを計算していきます。

なぜこのようなやり方をとるのでしょうか。通常，社内では会計上の PL が頻繁に利用されています。つまり，社内は会計で動いていて，社内の定量化といえば，やはり会計がベースです。そこで，この慣れ親しんだ，かつ入手しやすい会計の PL をもとに計算するのが，投資評価を進めるうえでもやはり効率的なのです。

実際に業務でキャッシュフローを計算するときにも，ぜひ PL からキャッシュフローの変換の流れがわかるような形で資料を残すことを強くおすすめします。なぜかといえば，承認する人や中身を確認する人がどのように計算しているのかを容易に確かめられるためです。月次決算ほどには投資評価の頻度は高くないはずです。だからこそわかりやすく書いておくことが大事ともいえます。具体的なフォーマットは，後ほど紹介しますので，参考にしてください。

●手順1：情報を集めて，まず PL の外枠から作る

それでは，実際に時間を考慮した長期の投資評価を行う場合を想定してゼロから順を追って手順を考えてみましょう。

86

まず必要な情報を集めます。この点は，時間を考慮しない投資評価と同じですので，注意点はすでに説明したとおりです。

例えば，以下の設備投資を検討していたとしましょう。

・初期投資額100
・減価償却方法は2年，残価ゼロの定額法
・実効税率30%
・売上は1年目100，2年目150
・売上原価率（現金支出費用のみ）は40%

この情報をもとにPLを作ります。関連するPLの勘定科目としては，売上，売上原価，減価償却費，税金が，この情報から読み取れます。これを縦軸に置きます。そして，効果があるのは2年度までのようですので，投資時点である0年目から2年目までを横軸に置きます。そのうえで，この3年分を合計する欄も設けておくといいでしょう。

会計ではあまりこのような合計は計算しないので，違和感を持つ方もいるかもしれません。これは投資評価独特の考え方といえます。合計欄を見ることで，この投資全体のPLの流れを容易につかめるというメリットがあるのです。

図表4-5 PLの外枠の作成

	0年目	1年目	2年目	合計
売上				
売上原価				
減価償却費				
税引前利益				
税金				
税引後利益				

● 手順2：PLの枠に数字を入れる

　PLの枠ができたら，続いて数字を埋めていきます。ここで注意したいのは，横軸の「年目」の考え方です。0年目は投資時点を指すという話はすでにしました。投資時点では特にPLには金額は発生しないので，PLは空欄で結構です。1年目には，投資直後から1年後までの1年間に発生する金額を入れましょう。同様に2年目は，投資から1年後から2年後までの1年間が入ります。

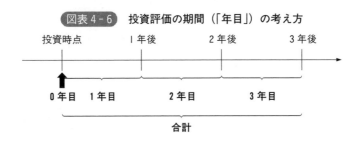

図表 4-6　投資評価の期間（「年目」）の考え方

　この考え方と与えられた情報をもとに埋めていきます。売上は情報どおり，100と150がそれぞれ入ります。売上原価は，売上に原価率40％を掛け算して，40と60がそれぞれ計算されます。また，減価償却費は，初期投資額を2年で割って，100÷2＝50と求められます。この結果，税引前利益が計算されますので，実効税率30％をかけて，税金を求めます。あとは，税引前利益から税金を引いて税引後利益を求めるだけです。

図表 4-7　PLへの数字記入

		0年目	1年目	2年目	合計
PL	売上		100	150	250
	売上原価		40	60	100
	減価償却費		50	50	100
	税引前利益	0	10	40	50
	税金		3	12	15
	税引後利益	0	7	28	35

88

● 手順3：キャッシュフローの外枠を作る

　これでPLができ上がり，利益が計算されました。次は，いよいよキャッシュフローにつなげるために，まずはキャッシュフローの外枠をつくります。

　投資評価に使われるワークシートでは，PLの欄の下にキャッシュフローの欄を作ることが一般的です。

　少し復習になりますが，すでに説明したとおり，

　　利益＋調整項目＝キャッシュフロー

という考え方で計算することができました。

　ということは，キャッシュフローの欄である縦軸には，調整項目とキャッシュフローの行を追加する必要があります。

　それでは，調整項目には何が入るでしょうか。これも復習ですが，非現金支出費用が調整項目でした。このケースでは，減価償却費が非現金支出費用に当たります。

　そこで，調整項目として減価償却費（前に「投資／」と書かれているのは後で説明しますので，ここでは「減価償却費」とシンプルに考えてください）の欄を，その下に，最終的に計算したいキャッシュフローという欄を付け加えましょう。

図表4-8　キャッシュフロー欄の追加

		0年目	1年目	2年目	合計
PL	売上		100	150	250
	売上原価		40	60	100
	減価償却費		50	50	100
	税引前利益	0	10	40	50
	税金		3	12	15
	税引後利益	0	7	28	35
CF	投資／減価償却費				
	キャッシュフロー				

●手順 4 ：キャッシュフローの調整項目を記入する

　キャッシュフローの欄ができたら，いよいよ調整項目の数字を入力しましょう。

　わかりやすいよう，1年目と2年目を考えます。考え方のところで習ったとおり，税引後利益に対して調整項目を足すという流れです。

　まず，PLを見ると，1年目も2年目も減価償却費は50なので，この50をそのままキャッシュフローの欄の「投資／減価償却費」に書き写します。

　続いて，0年目には，初期投資の金額にマイナスを付けて「－100」と入れてください。マイナスを付けるのは，キャッシュアウト，つまりお金が出ていっているからです。

　そのうえで，調整項目である「投資／減価償却費」の行に記入した0年目から2年目の3期間を合計した金額を合計欄には入れます。計算すると，0になっているはずです。実は，投資評価ではこの調整項目の合計欄が必ずゼロになります。なぜゼロになるかといえば，投資について期間の付け替えを行っているに過ぎないからです。経理用語でいえば，「いってこい」（相殺されて合計ゼロの意味）なのです。

　会計では，減価償却という手法を使って，1年目と2年目に費用を50ずつ計上しました。しかし，今回は投資評価ですので，お金が出た事実に注目して，お金が出ていった投資時点＝0年目に－100と考えたいのです。そこで，この

図表 4 - 9　キャッシュフロー欄への数字記入

		0 年目	1 年目	2 年目	合計
PL	売上		100	150	250
	売上原価		40	60	100
	減価償却費		50	50	100
	税引前利益	0	10	40	50
	税金		3	12	15
	税引後利益	0	7	28	35
CF	投資／減価償却費	－100	50	50	0
	キャッシュフロー	－100	57	78	35

キャッシュフローの調整項目の行である「投資／減価償却費」という欄を使って，１年目と２年目から，０年目にこの100を振り替える計算をしています。

●手順５：いよいよキャッシュフローを計算する

これでほとんど埋まったので，本命のキャッシュフローを計算します。税引後利益に調整項目である投資／減価償却費を足します。

まず，０年目は，税引後利益と投資／減価償却費の欄を合計した金額，つまり，０＋（－100）＝－100を記入します。１年目は，税引後利益７に，投資／減価償却費欄の50を足して，キャッシュフローは57と求められます。同様に，２年目は，28＋50＝78と求められます。

計算されたキャッシュフローの意味合いを確認しておきましょう。０年目の－100のキャッシュフローは，初期投資による支出を意味しています。その後の１年目57，２年目78は，１年間で生み出された手元に残った現金を示しています。符号は省略していますが，プラスの意味合いですので，お金が生み出されたことを意味しています。

３期間合計すると，キャッシュフローは35（＝－100＋57＋78）です。これは，この設備投資を行うことで，結果として35のお金が生み出されることを示しています。つまり，大まかにいえば，投資しないよりもしたほうがお金が増えるということです。

4 | キャッシュフロー計算の確認の仕方

●投資評価では間違いは許されない（念押し！）

　計算の仕方が理解できたら，次は，ぜひ確認の仕方も身につけてください。特に，キャッシュフローの計算自体はすでに業務を通じて身につけているという方は，こちらの確認方法を中心に押さえるといいでしょう。

　なぜかといえば，すでに何度もお話したとおり，投資評価では決して間違いが許されないからです。計算ミスをしましたでは済みません。

　計算されたキャッシュフローをもとに，投資評価の指標は計算されます。皆さん，どうしてもキャッシュフローが計算された後の指標の計算にばかり目が行きがちなのですが，実は誤りが発生するのは，キャッシュフローの計算のほうなのです。キャッシュフローの計算が誤っていれば，それをもとに計算される指標も当然間違えます。キャッシュフローの計算は，丁寧に慎重に行うことが実務ではとても大事なのです。

　また，多くの場合，投資の検討段階で関わるメンバーは限られていることがほとんどです。だとすると，皆さんが計算した投資評価の計算過程や結果についても，通常業務よりも確認してもらえる機会が少ないこともよくあります。むしろ，このような大型案件に関わるのは，ベテランだからと任されてのことがほとんどでしょう。であれば，皆さんは自分が計算した結果に対して，自分自身でチェックする方法を身につけておく必要があるのです。ここでは，大きく2つの確認方法を紹介しますが，ことが大きいだけに，どちらの方法も使えるようにしていただいてちょうどいいかと思います。

●確認方法その１：棒グラフで確認する

　先ほどの設備投資について計算されたキャッシュフローを棒グラフにすると，図表4-10のようになります。

　投資時点を示す０年目の－100は，初期投資額として大きな金額が出ていくことを示しています。そして，その後１年目，２年目と売上の成長に伴って，より大きな現金が手元に残ります。

　この棒グラフからは以上のような状況を読み取ることができます。この内容は，初めに与えられている情報と整合しているでしょうか。ここでは，細かい金額までは確認するのは難しいと思いますが，大きな流れだけでも整合しているのかという視点で計算された結果を確認することが大事です。

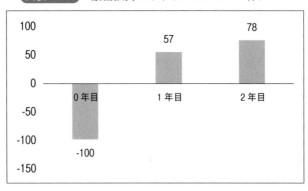

図表 4 -10 設備投資のキャッシュフローの棒グラフ

　この設備投資のケースでは，棒グラフが３本立っています。これは，先ほど作った表の０年目から２年目までの３期間に対応してのことです。

　今回の設備投資では，投資後２年効果があるということでした。つまり，効果が期待できる期間の年数に，投資時点の分を１加えた数だけ棒グラフが立ちます。

図表4-11　棒グラフの棒の本数

> 効果のある年数＋1本
> 理由：ゼロ年目にも1本あり

　ちなみに，投資評価では，年末に一括でキャッシュフローが発生するとみなします。例えば，1年目に立っている57のキャッシュインを表すグラフは，1年目の終わりにボコッと発生すると考えるのです。時間が関連する投資案件では，時間の価値を計算を通じて反映するのですが，その計算をシンプルにするためです。ここも，フローとストックを使い分ける会計に慣れた方からすると少し気持ち悪いかもしれませんが，計算の簡略化のための作法と割り切って考えて下さい。

●確認方法その2：合計ベースで確認する

　もう1つの確認の方法は，合計の金額自体を計算するというものです。先ほど表を通じて計算した際には，キャッシュフローの発生するタイミングを踏まえて年度ごとに数字を計算しました。今度は，タイミングは置いておいて，最終的な合計のキャッシュフローで考えます。ここでも，棒グラフと同様に，初めの情報をもとにします。

　まずキャッシュインは売上2年分ですので，100＋150＝250です。また，キャッシュアウトは，3種類あります。まずは投資の100。売上原価は，売上250×売上原価率40％＝100です。そして税金は，会計上の利益×実効税率で計算されます。売上250－売上原価100－減価償却費（投資と同額）100＝50と利益が計算されるので，これに実効税率30％をかけて，15と税金は計算されます。まとめると，キャッシュアウトは，投資100，売上原価100，税金15の合計215となります。

　キャッシュインとキャッシュアウトを合計した，250＋（－215）＝35が手元に残るお金と計算されます。つまり，期間合計のキャッシュフローは35と計算さ

94

図表 4 -12　合計ベースの確認

```
プ ラ ス：①売上＝100＋150＝250
マイナス：①投資＝△100
　　　　　②売上原価＝売上×売上原価率＝250×40％＝△100
　　　　　③税金＝利益×実効税率＝（売上－売上原価－減価償却費）×実効税率＝
　　　　　　（250－100－100）×30％＝△15
プラスマイナスの合計＝250－100－100－15＝35⇒表ともグラフとも一致
```

れました。

　このように求めた35と，先ほどの表のキャッシュフローの合計，さらには棒グラフの合計の35はすべて一致します。これは偶然ではありません。なぜ先ほど表で年度ごとにしっかり区分して計算した結果と，このように合計だけみてざっくり計算した今の結果が一致するかといえば，先ほどの細かい計算は，減価償却費の「いってこい」を反映するためだったからです。つまり，「いってこい」は，すべての期間を合計で考えたら結局影響がなくなるため，両者の結果は必ず一致します。全体から見た結果と個別に積み上げた結果の関係と理解してもいいでしょう。

　経験者やベテランの方ほど，このように「ざっくり」と説明できるか確認してみるといいと思います。このようなやり方は，ベクトルテストといいます。計算過程を逐一追わない代わりに，最終的なアウトプット結果と当初に参照したインプット情報だけを比較して，その関係性を確認する手法です。間違いを防ぐためには，通常行うような計算過程を追いかける確認方法（これをトレーステストといいます）と合わせて，このような視点を変えた方法も取り入れると効果的です。

5　キャッシュフロー計算の実務上の注意点

●まずは大枠の計算から始めるのも効率的

　もしかしたら，キャッシュフローを計算する表を見て，勘定科目の並び方に違和感を感じた方もいるかもしれません。財務会計で通常用いる PL であれば，例えば，販売管理費といった区分が用いられていますが，この PL の中にはありません。また，関連する勘定科目だけを抜粋する形式でいいのか，それともこの投資案件には使わない勘定科目も含めて会計上の PL とまったく同じにするのかも気になります。実務では，このような財務会計の PL との整合性は，各社の判断で問題はありません。もし迷ったら，とりあえず簡単なほうを選ぶのもいいでしょう。

　これらの細かい点は後から修正することもできます。すでに何度か述べましたが，多くの場合，おおよその結論がスピード感をもって知りたいことが多い投資評価では，これらの点を順々に詰めていくやり方をとると，時間がかかってしまいます。そこで，まずは，おおまかな骨子だけを入れた仮のワークシートを作っておおよその結論を確認し，その後正式なワークシートに更新していくというやり方のほうがいい場合もあるでしょう。この方法は，短期の投資評価で紹介した「まずは計算骨子から考える」という進め方と考え方は同じです。正式なワークシートの結果と，仮のワークシートの結果を照らし合わせることでも確認ができ，正確さがアップします。

　このやり方は，社内に投資評価のノウハウがまだ蓄積されていない場合や担当者の経験が浅い場合に特に有効です。形式については，はじめから完璧を目指す必要はありません。まずは，結果を出すことを最優先して，形式は少しずつ向上させていくようにしましょう。

　ただし，使用する勘定科目がどれになるのかだけは，あらかじめ経理に確認

しておきましょう。そうすることで，事後検証がとてもスムーズになります（事後検証については，後ほど詳しく説明します）。

●キャッシュフローは減価償却方法を気にしない

キャッシュフローの計算の考え方と実例を説明した中で，すでにお気づきの方もいるかと思いますが，実は，どのような減価償却方法を使っても，結局，投資評価のために計算されるキャッシュフローには関係ありません。例えば，定率法か定額法なのか，または償却期間が3年か5年か違っても，それだけではキャッシュフローの計算には基本的に影響しないのです。

なぜかといえば，減価償却はみなし計算ですので，実際のお金の動きだけを気にする投資評価には関係ないからです。このような考え方の違いだけでなく，計算過程を思い出していただいてもいいでしょう。キャッシュフローを計算するためには，減価償却費を引いた後の利益に，減価償却費を足し戻していました。つまり，減価償却費の部分は「いってこい」で相殺され，結局関係なくなっていたのです。

これは，減価償却だけではありません。売上の計上や引当金などいわゆる会計上のみなし計算，つまり実際のお金の動きがないものはすべて同様といえます。経理に詳しい方には，このような会計処理を定めた会計方針はキャッシュフローには影響を与えない，といえばわかりやすいかもしれません。会計方針のような人の「決めごと」は，投資評価には関係がないのです。

●簿記を習ったときの逆を考えるとキャッシュフローになる

減価償却という考え方は，簿記の学習のはじめの頃に出てきます。皆さんは，そのときの説明を覚えていますか。固定資産は買ったときに一気にお金を払うが，その効果は長年にわたって続く。その効果のある期間に対して費用を対応させるために減価償却という考え方がある。そのような説明だったと思います。

だから，わざわざ，買ったときの金額を分割して分散させる。それが減価償却の計算でした。

　投資評価は，実は，わざわざ簿記で行っているこの計算をしなくていいだけの話なのです。ただ，皆さんの多くはすでに会計や簿記に慣れているでしょうから，それらをもとに説明すると，これまでの説明のように長くなってしまうのです。

　本当は，投資評価のほうが考え方はシンプルです。でも，私もそうですが，経理に慣れた方にとってはむしろこの点が難しく思えてしまうかもしれないですね。

　少なくとも，減価償却は単なる期ずれの話だと理解してください。簿記で減価償却を通じてわざと起こした「期ずれ」を，投資評価ではもとに戻しているだけなのです。キャッシュフローの調整項目の合計欄はゼロになるのがその証です。

●売掛金の調整は厳密にしなくても OK

　ここまで，説明を簡単にするために，PL だけからキャッシュフローを調整する方法について説明しました。実は，厳密にいえば，BS も調整する必要があります。

　例えば，ここまでの説明では，売上は即入金があるという仮定を置いていましたが，実際には売掛金を経由して実際に入金されるのは1〜2か月後のことが大半です。とすると，1年目の売上の全額が1年目にお金で入金されるわけではありません。その入金されない部分は，1年目末の BS に売掛金として残るはずですので，売上の金額から，この売掛金の分を差し引くことで，キャッシュインを計算するという調整計算を行うべきといえます。

　しかし，これをすべての期間について行ったり，買掛金や未払金，在庫など他の科目について行ったりするのは手間がかかります。そこで，実務では，調整しなくても影響が少ないと思われる場合には，調整を省いてしまうことも多

いのです。影響が少ない場合の例としては，売上の伸びが小さい場合や，効果が出る期間が比較的短い場合（例えば，3〜4年以内など）が当たります。売上の伸びが小さいのであれば，各年末の売掛金の金額はほぼ同じ水準と考えられるので，これもまた「いってこい」で相殺されるため，途中の年度では影響がほとんどなくなるためです。

逆に，売上が成長していく場合や，期間が長い場合には，BS の影響度合いを検討して，大きいと判断するなら，BS の調整も加味するという手順が効率的だと思います。つまり，必ず BS の調整を行うということを前提としなくてもよいということです。

実際の計算方法は，キャッシュフローの計算と同じ考え方です。売掛金や在庫など資産の増加額はキャッシュアウト，負債の増加額はキャッシュインとして扱います。

●節税効果が大きい場合もキャッシュインとして考える

売掛金の調整と同様に，実務では税金の取扱いについても微調整することがあります。これは，「タックスシールド」と呼ばれます。ここまで見てきたとおり，投資評価は会計をベースに調整計算を行いますので，キャッシュアウトにつながる税金と会計の違いを調整するものです。

よくあるのは，税金計算で反映できる（損金算入できる）減価償却費や固定資産除却損といった非現金支出費用による節税効果をキャッシュフローとして捉えます。

ここまで，会計と投資評価の差だけでも理解するのに四苦八苦なのに，さらに税務まで登場するなんて，と思われるのも無理はないと思います。ですが，この話は経理の方であればおそらくすでに知っている話であり，実務では影響が小さいため無視することもよくありますので，あまり心配しないでください。

6　投資案件の全体像のつかみ方

●計算する前に全体像のイメージをつかむ

　先ほど，棒グラフは確認の手段になるという話をしました。投資評価の世界では，棒グラフを使ってキャッシュフローの流れを表現することはごく一般的です。

　そこで，棒グラフを使って，投資案件の全体像を捉える練習を少ししてみましょう。もし，「このそれぞれの年度のキャッシュフローはどうやって計算したのか？」と思われた方がいたら，この章の ③ ④ をもう一度確認してください。ここでは，キャッシュフローの計算と確認はすでにできるという前提で話を進めます。

　以下の A 案があったとします。初期投資として100のキャッシュアウトが生じた後，30，30，70と 3 年間にわたってキャッシュインがあることが，グラフから読み取れます。この投資は実行する価値があるのでしょうか。実務ではすでに何度も申し上げたとおり，定性情報も考慮しないとこの結論は出せないことがほとんどですが，ここでは話を単純にするために，経済的な観点だけ，つ

図表 4 -13　投資案件 A のキャッシュフロー

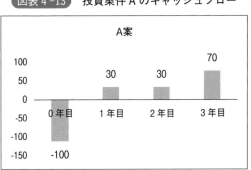

まり数字だけで判断します。

　期間合計を出してみると，キャッシュアウト－100，キャッシュイン合計が＋130ですので，期間全体の合計キャッシュフローは＋30と計算できます。つまり，最終的に手元のお金は30増えるということを意味しています。

　経済的な面だけに注目すれば，このA案は実行する価値があるといえます。

●キャッシュフローが「大きい」が「収益性」

　次に，B案という案がA案の対抗馬として持ち込まれました。どちらも初期投資100，効果は3年間続く点では同じです。資金の関係で，どちらかの投資案しか実行できないとしたら，どちらを選ぶべきでしょうか。ここでもまた経済的な観点だけで判断できるとします。

図表4-14　投資案件AとBのキャッシュフロー比較

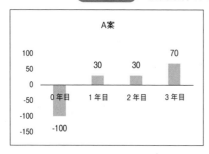
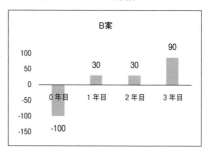

　2つのグラフを比べて詳しく見てみましょう。0年目，1年目，2年目まではまったく数字が同じです。しかし，3年目になると，A案は70ですが，B案は90です。つまり，キャッシュインフローがA案よりもB案のほうが大きいことがわかります。感覚的に考えても，手元に残るお金は多いに越したことはないので，B案を採用すべきと判断できると思います。

　これをもう少し数字で整理しましょう。期間全体の合計キャッシュフローを計算します。A案と同様の方法で，B案の期間合計のキャッシュフローは＋50

と計算されます。A案は＋30でしたので，どちらが手元に多くお金を残してくれるかといえばB案です。期間合計のキャッシュフローという数字の観点からも，B案を採用すべきと同じ結論が導けます。

このように，期間合計のキャッシュフローに注目する見方を「収益性」と呼びます。わかりやすくいえば，「どれだけ儲かるか」という観点です。

この言葉は投資評価の本では必ず出てきますので，覚えておいて損はないでしょう。わかりやすい言葉でいえば，トータルの手元のお金が多いということです。ここでは，B案のほうがA案よりも「収益性が高い」といえます。

●キャッシュフローが「早い」が「時間価値」

B案を採用すべきと結論が出てひと安心した矢先，今度はC案という新たな案が持ち込まれました。先ほど理解した収益性の観点で比較しようと考え，C案の期間合計キャッシュフローを計算すると，＋50とB案とまったく同じです。つまり，収益性だけでは判断できませんでした。

改めてグラフに注目すると，金額の流れが違うことがわかります。C案のほうがB案に比べて1年目，2年目に得られる金額が大きいのです。その結果，初期投資額は同じでも，元が取れるのが，C案のほうが早いといえます。

とすると，皆さんは感覚的にどちらの案を採用したほうがいいと考えますか。おそらく，大部分の方は，少しでも早くお金が入ってくるほうがいい，だから

図表4-15　投資案件BとCのキャッシュフロー比較

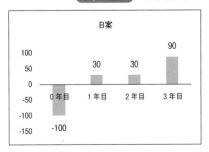

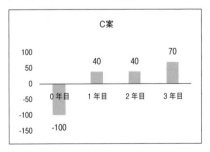

Ｃ案と考えるのではないでしょうか。

　投資評価の世界でも，まったく同様に考えます。近い将来のほうが見通しやすく，また不確実性が少ないため，好ましいと考えるのです（この考え方の詳細は，また後で出てきます）。

　よく会計でも，損益分岐点売上高といって売上がいくらになれば利益が出るようになるのか（経理用語でいえば，「トントン」になるのか）を大事にします。この考え方は，その投資評価版だと思ってください。

　このキャッシュフローのタイミングに注目する見方を，正式には「時間価値」と呼びます。わかりやすくいえば，「どれだけ損しづらいか」を示します。収益性が「どれだけ儲かるか」を示す見方だったのに対して，時間価値は「どれだけ損しづらいか」を示すので，ベクトルの向きが逆と感じるかもしれませんね。

　累計のキャッシュフローがゼロになるのが早いことを，「時間価値が高い」といいます。収益性と同様に，「時間価値」という用語も投資評価では頻出しますので，ぜひ覚えておきましょう。ここでは，Ｃ案のほうがＢ案よりも「時間価値が高い」と表現できます。

●投資評価４指標は収益性と時間価値の違い

　このように，キャッシュフローの金額だけを見て投資評価を行う場合には，今説明した「収益性」と「時間価値」の２つの観点が極めて重要です。わかりやすくいえば，キャッシュフローが「大きい」のが収益性，「早い」のが時間価値です。大きい，早いと，まるで牛丼屋さんのキャッチフレーズのようですが，何かと難しいといわれる投資評価の世界ですので，これくらいかみ砕いてイメージしておいてもいいのではないでしょうか。

　この後説明する４つの投資評価の指標は，この２つの観点のうちどれを重視するかの違いで，その性質を説明できます。つまり，４指標を理解するためには，この２つの観点をまず理解することがとても役に立ちます。

　投資案件を見たら，まず収益性が高いものが第1です。これは，期間合計キャッシュフローから判断できます。次いで，時間価値の観点から，期間合計キャッシュフローが同じ場合には，より早くキャッシュフローが得られる案を優先します。これは，各年度のキャッシュフロー数値を見ることでわかります。

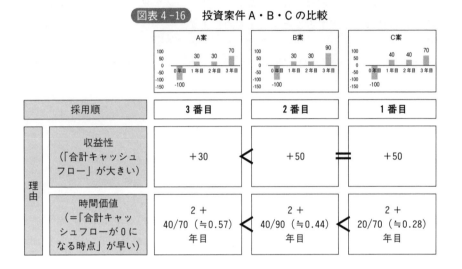

図表4-16　投資案件A・B・Cの比較

		3番目	2番目	1番目
	採用順	**3番目**	**2番目**	**1番目**
理由	収益性 (「合計キャッシュフロー」が大きい)	＋30　<	＋50　＝	＋50
	時間価値 (=「合計キャッシュフローが0になる時点」が早い)	2＋ 40/70（≒0.57） 年目　<	2＋ 40/90（≒0.44） 年目　<	2＋ 20/70（≒0.28） 年目

●棒グラフを4指標の確認に使う

　このように，4指標を実際に計算せずに，キャッシュフローの棒グラフだけからも投資評価の結論を得ることはできるのです。ただ，実務では，1つの指標に集約して結論を出したほうが検討しやすいために，指標の計算が行われると思ってください。

　ここで，3つの棒グラフの例を通じて理解していただきたかったのは，難しいと思われがちな投資評価も，皆さんの感覚とそんなに遠くはないということを感じていただきたかったからです。加えて，極めて実務的な理由として，棒グラフから得た結論の目星が，4指標の計算結果の確認に使えるからです。

　キャッシュフローの計算は間違いは禁物だといいましたが，それを使って計

算した結果である4指標ももちろん間違えることは許されません。キャッシュフローを計算した段階で確かめ，その後4指標を計算した段階で確かめ，と確認をこまめに挟むようにしてもやりすぎということはありません。投資評価は，「確かめサンドイッチ」方式で進めると失敗がより防げます。先入観に惑わされないためにも，4指標を計算する前に，棒グラフを見て収益性と時間価値の観点から結果を予想することをおすすめします。

第 5 章

回収期間と
投資利益率の指標

1 投資評価のための4つの指標

● 4つの指標は最終判定に用いる

いよいよここから，4つの指標に入っていきます。

4つの指標とは，以下を指します。

図表5-1 投資評価の4つの指標

No	名称	略称	英語	単位
1	回収期間	PP	Payback Period	年
2	投資利益率	ROI	Return On Investment	%
3	正味現在価値	NPV	Net Present Value	円（金額）
4	内部収益率	IRR	Internal Rate of Return	%

これらは，いずれも各投資案ごとに計算されます。実際に計算するときには，ここまで見てきた各年の将来キャッシュフローを使います。

すでにお話したとおり，投資評価では複数の案を比較することが多いものです。そのとき，それぞれの案の各年のキャッシュフローを比べるのは手間がかかり，わかりにくいのです。そこで，将来キャッシュフロー全体をまとめる，これらの4指標を計算することで比較を容易にし，客観的な判断につなげます。

2　回収期間

●投資がトントンになる指標「回収期間」

　まず1つ目は回収期間です。実務では，Payback Period（ペイバックピリオドと読みます。payback は回収，period は期間の意味ですので，日本語と同じです）やその省略形である PP（ピーピー）などと英語で呼ばれることもあります。

　内容としては，合計キャッシュフローがプラスになるまでに何年かかるのかを示す指標です。もっとわかりやすくいえば，「投資が何年でトントンになるのか」を示しています。

　実際に，ずっと見てきた A 案で回収期間を計算してみましょう。

図表 5 - 2 　【例題】A 案の回収期間

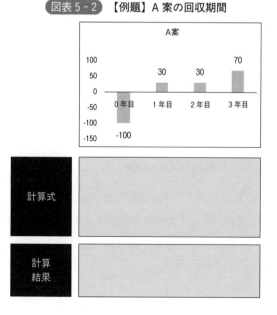

　0年目に1年目を足した合計キャッシュフローは−70です。これに2年目も加えると−40とまだマイナスです。3年目の70を足すと，ようやく＋30とプラスになります。ということは，2年目と3年目のあいだのどこかでちょうどトントンになることがわかります。

　端数を計算するには，まず，3年目の途中までかけて得たい金額，つまり，まだ足りない金額40（＝3年目の金額70−トントンを超えてしまう金額30）を，3年目全体の金額70で割ります。すると，約0.57と計算できるので，すでに超えることはわかっている2年と組み合わせて，2.57年と求めることができます。

図表 5-3　　A案のグラフと端数の考え方

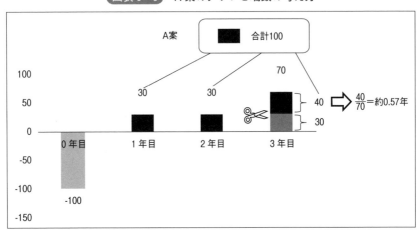

● 実際に回収期間を計算してみよう

　それでは，B案とC案についても回収期間を計算してみましょう。

　特に投資評価は初めてという方は，実際に手を動かすことを強くおすすめします。回収期間の意味がよくわかるはずです。

図表 5 - 4　【例題】B・C 案の回収期間

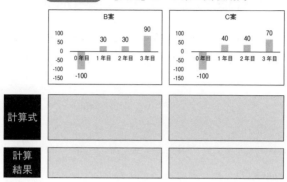

　B 案は，2 年目までの合計キャッシュフローは－40，3 年目は＋50です。これで 2 年目と 3 年目のあいだに回収期間があるとわかります。そこで，回収期間は，$2＋(90－50)/90＝2.44$年と計算できます。

　同様に，C 案の合計キャッシュフローは，2 年目までで－20，3 年目までで＋50ですので，これも回収期間は 2 年目と 3 年目のあいだです。回収期間は，$2＋(70－50)/70＝2.28$年と計算できます。

図表 5 - 5　【解答】A・B・C 案の回収期間

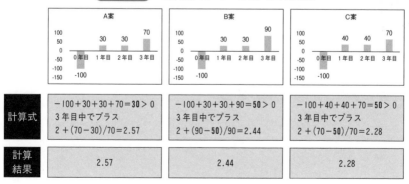

110

●回収期間は大きいほうがいい？　小さいほうがいい？

　このように回収期間は，それぞれA案2.57年，B案2.44年，C案2.28年と計算されました。この数字は大きいほうがいいのでしょうか，それとも小さいほうがいいのでしょうか。

　ぜひ定義に戻って考えてみてください。回収期間というのは，投資がトントンになるまでの期間のことでした。ということは，早くトントンになってほしいので，この数字は小さいほうが好ましいといえます。早いほうが不確実性が低いですし，回収期間が終わった後により大きなキャッシュフローが期待できます。これから出てくる残り3つの指標はどれも数字が大きいほうがいいのですが，この回収期間だけは特殊で「数字が小さいほうがいい」のです。ぜひ定義とセットで覚えておいてください。

　数字が小さいほうがいいということは，回収期間だけみれば，この3つの案のうち，C案，B案，A案の順番に望ましいといえます。この順に投資が早く回収できます。

図表 5‐6　回収期間の投資判断

どの案を採用するか	C案，B案，A案の順で採用

●回収期間もちゃんと確かめる

　なぜ，このような結果になるのでしょうか。ここでも，棒グラフと結論を比べてみます。どれもキャッシュアウトである初期投資額は同じ100ですので，キャッシュインの違いに着目しましょう。

　まず，優先順位1位のC案は，2年目までの合計が80と，他の2案の60に対してリードしています。そのために早く回収でき，回収期間が最も短いのです。

　次に，2位のB案ですが，2年目まではA案と同じ60です。3年目のうち残り40のキャッシュインがたまった時点で，回収できることになります。3年目の数字をみてみると，B案が90，A案が70と，B案のほうが大きいです。これは，3年目末までの1年間のキャッシュフローですので，これを月割にすると，B案のほうが大きくなります。ということは，1か月，2か月，と月が進んでいくにつれ，B案のほうがより早く40に達することができるのです。

　確認の手法として，グラフと合計の2種をお伝えしましたが，このように確認することもできます。今回のように，案が複数ある場合には，それぞれのグラフの違いが，どのように計算結果に影響しているかという視点でみるとわかりやすいと思います。繰り返しになりますが，一歩ずつ慎重に計算結果を確認することが，大惨事を防ぎます。

●回収期間は時間価値を表す指標

　収益性と時間価値という投資評価の2つの観点の話をすでにしましたが，回収期間の指標は，時間価値と密接な関係にあります。「合計キャッシュフローが0になるのが早いほうがいい」のが時間価値という考え方でしたので，回収期間はまさに時間価値の指標そのものともいえます。その証拠に，p.103で確認した3つのうち時間価値が最も高いのはC案という結果とも整合しています。

　一方で，回収期間は収益性を考慮していません。収益性は，「合計キャッシュフローが大きいほうがいい」という考え方でしたが，3年合計のキャッシュフローの金額を回収期間は考慮していないのです。つまり，回収される時点までは気にしますが，たとえその後かなり儲かるとしても，そのことには目を向けていないのです。ある意味，全体には目が向いていない，前半だけに注目した指標ともいえます。

　投資評価の計算自体に慣れた方は，このような確認や特徴を中心に理解するといいと思います。なぜなら，投資評価は経営陣に説明する機会が多く，4つの指標の特徴も改めて質問されることも十分考えられるためです。

3 指標について押さえるべき実務ポイント

●経営者の理解度も考慮すべき

投資指標については，収益性と時間価値のどちらの観点を表すかは大事な特徴ですので，必ず押さえましょう。加えて，実務においては理解しておくべき点があります。それは，その指標の意味が理解されやすいかどうかです。

投資評価の最終判断は，ほぼ確実に経営者によって行われます。その際，皆さんが計算した投資評価の数字が，重要な判断材料になります。そのため，指標の意味合いがわかりやすいというのは，経営者にとって実は大きなメリットなのです。

経営者の方は，ご存じのとおり多忙であり，時間がない中で投資についても判断することが求められます。また，数字や会計について皆さんほど明るくないことも珍しくないですし，特に投資評価のような指標については日常的に接するものではないため，なじみが薄いことも当然想定されます。

●回収期間はわかりやすさナンバー1

回収期間という指標は，従来から最もよく使われている指標だと思います。日本の会社は，海外に比べて，投資評価への取組みが少ないという話を冒頭にしました。しかし，回収期間だけはその例外で，以前から比較的多くの日本の会社で使われてきました。

その理由は，わかりやすさにあると考えています。すでにお話したとおり，回収期間の単位は「年」で表され，合わせて，いつトントンになるのかを示すため感覚的にも理解しやすいものです。実は，この後説明する残り3つの指標は，「％」や「金額」を単位にしています。投資評価に限らず，さまざまな経

営指標は金額か％を使うことが多いのですが，これが理解の妨げになっている
ケースも多いと感じています。上場会社の社外役員の経験からも，取締役会な
どで数字中心の報告案件が扱われる場合，％や金額を用いた指標はあまりに数
が多く，説明されてもすぐには理解できていない様子を感じることもあります。
日本の会社では数字に関する教育訓練を受ける機会は少ないため，たとえ役員
クラスであっても，現状としては仕方がないと個人的には思うのです。

図表 5 - 7　回収期間の特徴

この指標の特徴	GOOD：「年」でわかりやすい，計算が簡単 　BAD ：収益性が考慮されない

　意味のわかりやすさに加え回収期間のもう 1 つのメリットは，計算が簡単と
いうことです。皆さん，先ほどの計算は電卓でできたと思います。実は，この
後出てくる指標の中には，電卓を使った手計算では難しいものもあります。こ
のことは，投資評価の実務を担う皆さんにとっては，確認もしやすいですし，
大きなメリットといえるでしょう。

●手計算せず，エクセルに組み込む

　手計算できるのもメリットといいましたが，実際の作業では，エクセルに計
算させることがおすすめです。エクセルの関数を使って，自動的に回収期間を
計算させるのです。

　具体的には，各期間の行ごとに合計キャッシュフローを計算します。その数
字がマイナスかつ次の期間のその数字がプラスの行を特定します。つまり，回
収期間が存在する年度を特定します。特定できたら，整数部分と端数部分をそ
れぞれの行で計算して，合算することで，回収期間が合計欄に表示されます。
図表 5 - 8 の中の関数はこの計算過程を示しており，これを組み込めば，一発
で自動的に回収期間が計算できます。

図表 5‑8 回収期間のエクセル計算式

	A	B	C	D	E
1					
3					
4		年目	CF	累計 CF	回収期間
5		0	-100	-100	
6		1	30	-70	
7		2	30	-40	2.00
8		3	70	30	0.57 =IF(AND(D9>0,D8<0),B8,IF(AND(ISNUMBER(E7),E7=B7),(C8-D8)/C8," "))
9			30		2.57 =SUM(E5:E8)
10					
11					
12					

回収期間＝合計 CF が翌年にマイナスからプラスに転じる年目＋端数部分（プラスに転じるのに必要な金額÷その年の CF）

　また，このようにエクセルを計算に活用すれば，ダブルチェックが可能です。つまり，エクセルが計算した結果を，自分で電卓で検算して確認する。こうすれば，ここでも間違いを防げるのです。

●回収期間は何年なら OK なのか？

　回収期間が計算できると，次に問題になるのはそれが何年ならばいいのか，という点です。投資評価に関してよく受ける質問の1つです。

　答えを考えるうえで最も参考にすべきは業種です。例えば，設備業であれば，高額な機械が多く，使える期間も長いことが多いので，10年を超えてもいいというケースもよくあります。一方，スピードの速い IT やウェブの業界では，先の見通しがなかなか読めないこともあり，2～3年で回収したいと考えることもよくあります。また，小売業など店舗を持つ業態の場合，賃貸借契約の関係もあり，5～6年を目安にしているようです。このように，業種は回収期間の判断に大きな影響を与えます。

　加えて，実務では，自社の実態に応じた年数を決めることが大事です。最も参考になるのは，自社の過去の投資案件の実際の回収期間です。

　例えば，自社の中で成功した投資や失敗した投資があれば，それぞれの回収

期間の実績値を計算してみましょう。成功した投資は回収期間が短く，また失敗したものは回収期間が長いはずです。最悪の場合は，結局回収できずじまいで，回収期間が計算できないこともあるでしょう。これらの数値をもとに，自社の目標とする回収期間を定めるのがおすすめです。

　この方法のメリットは，経営陣が実感を伴って回収期間を判断基準にできることにあります。自社が過去におこなった投資案件であれば経営陣も実態を伴って理解しているはずなので，単なる数字としてではなく中身を伴った判断が可能になるのです。

　これ以降紹介するほかの指標についても，この考え方は応用できます。投資評価においては数字を 1 つの判断材料とするため，判断基準をいくつにするかは常につきまとう課題ともいえます。この答えは，どの会社にも当てはまる万能のものは存在しません。業種や自社の状況に合わせて，自社内で決定するしかないのです。また，複数の事業を行う多角化企業では，事業によって回収期間が異なることもよくあります。

4　投資利益率

●投資利益率はどれだけ儲かるかの指標

　2つ目の指標は，投資利益率です。投下資本利益率，投資対利益率ともいわれます。なぜこんなにいろいろな表現があるかといえば，英語から日本語に訳す際にいろいろな訳し方が生じたのでしょう。元の英語は，Return on Investment（リターンオンインベストメントと読みます，リターンは見返り，インベストメントは投資という意味ですので，全体では投資に対する見返りという意味です）です。この頭文字をとったROI（アールオーアイと読みます）という呼び方も，実務では非常によく耳にします。

　これは，投資額に対してどれだけ見返りがあるかという見方です。具体的な計算式としては，年度当たりのキャッシュフローを投資額で割ります。ですので，計算結果である投資利益率は，「％」で表示されます。％というのは割合を表すものですので，ここで何を見ているかといえば，投資の効率です。出した投資額に対して，毎年どれだけの見返りがあったのかという効率を示しています。

　会計でいうなら営業利益率と似ています。売上に対する営業利益の割合を計算するのが営業利益率ということはご存じだと思います。売上に対してどれだけが利益として残るのかを示すものであり，背景には，「売上がいくら大きくても利益が残らないといけないよね」という考え方があります。同様に，投資もキャッシュフローを生み出すことが目的なので，投資に対して最終的に

図表5-9　投資利益率の計算式

投資利益率（％）＝合計キャッシュフロー（円)÷効果がある年数／投資額（円）

キャッシュフローがどれだけ残ったかを計算するのが，この投資利益率なので
す。どちらも歩留まりを示すという点で共通します。

●投資利益率の計算要素は３つある

また，いままでのＡ案で投資利益率を実際に計算してみましょう。

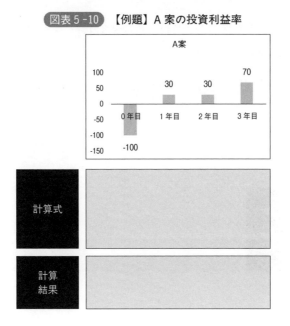

図表５-10　【例題】Ａ案の投資利益率

まず，期間全体の合計キャッシュフローを出します。$-100+30+30+70=$
$+30$です。一応改めて計算しましたが，この数字はすでに計算した合計キャッ
シュフローと同じです。そして，年当たりのキャッシュフローを計算するため
に，３で割ります。ここで，「４」と思われた方もいるかもしれません。棒グ
ラフの棒は４本立っていますので，４だと考えるのも無理はないと思います。
元の情報に戻ってみると，３年間にわたって効果があるということでしたので，
その３を使います。棒グラフの数からマイナス１した数字が期間を意味してお

118

り，同時にここでの割り算に使う数字なのです。したがって，年当たりの
キャッシュフロー，つまり平均キャッシュフローは30÷3＝10と計算されます。
これを投資額100で割ると，10/100＝10％と投資利益率を求めることができま
す。

●実際に投資利益率を計算してみよう

　それでは，B案とC案について投資利益率を計算してみましょう。回収期間
と同様，投資評価の経験が浅い方は手を動かしてみるといいと思います。

図表5-11　【例題】B・C案の投資利益率

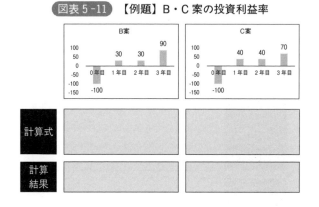

　B案から見てみましょう。すでに計算した合計キャッシュフローの数字は＋
50です。期間数も投資額もA案と同じ3年と100ですので，＋50÷3/100＝約
16.7％と計算できます。また，C案も，合計キャッシュフローは＋50ですので，
同様に，＋50÷3/100＝約16.7％と同じ結果になります。

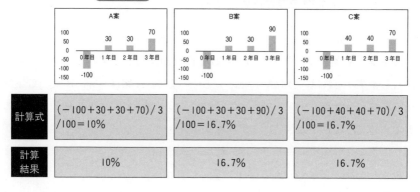

図表 5 -12　【解答】A・B・C 案の投資利益率

計算式	（－100＋30＋30＋70）/ 3 /100＝10%	（－100＋30＋30＋90）/ 3 /100＝16.7%	（－100＋40＋40＋70）/ 3 /100＝16.7%
計算 結果	10%	16.7%	16.7%

●投資利益率は大きいほうがいい?

　3つの投資案の計算結果が出揃いましたので，採用すべき案を選びたいと思います。投資利益率だけを判断基準にした場合，大きいものを選ぶべきなのでしょうか。ここでもまた，定義に戻って考えましょう。投資額に対して見返りがどれだけあるかという見方がこの投資利益率ですので，見返りは大きいほうがいいわけです。ということは，この指標も「大きいほうが好ましい」といえます。

　こう考えると，ともに16.7%と大きいB案とC案がまず最優先であり，その後にA案が続く結果になります。

図表 5 -13　投資利益率の投資判断

どの案 を採用 するか	B案とC案が優先，その後A案

●投資利益率もグラフから確認する

　この判断で正しいのか，今回も，グラフと見比べて確認しましょう。

　A案からC案まで，効果の出る年数や投資額は同じですので，異なる点に注目します。それは，合計キャッシュフローです。A案は＋30，B案とC案は＋50です。合計キャッシュフローは投資によって最終的に手元に残るお金のことですので，これが大きいほうが見返りが大きいといえます。その他の条件が同じこれら3つの投資にとっては，結局，合計キャッシュフローの差がそのまま投資利益率の差につながるはずです。したがって，A案よりもB案とC案のほうが好ましいことがグラフから読み取れ，投資利益率の計算結果と整合します。

●投資利益率の目的は収益性にあり

　回収期間と同様に，投資利益率の特徴を考えてみましょう。

　まず，計算は電卓でもできる程度に簡単です。一方で，切り捨てていることがあります。それは，時間価値，つまりキャッシュフローが「早い」ほうがいいという見方です。なぜそういえるかといえば，全体合計のキャッシュフローが同じでも，早めに回収ができるC案と遅めのB案の投資利益率が16.7％と同じだからです。つまり，「早くても遅くても変わらないよね」と，キャッシュフローのタイミングを投資利益率はまったく気にしていません。投資評価の用語でいえば，投資利益率は時間価値を考慮しない指標といえます。

　それでは，何を考慮しているかというと，キャッシュフローが「大きい」，つまり収益性なのです。その証拠に，計算式には期間合計のキャッシュフローが含まれます。期間全体に注目しているのが投資利益率の特徴といえます。つまり，投資利益率は，収益性を表す指標といえるのです。

図表 5 -14　投資利益率の特徴

この指標の特徴	GOOD：計算が簡単 BAD ：時間価値が反映されない

●エクセルでも単純な計算式にできる

　投資利益率もぜひエクセルに計算させて，ご自身はチェックに回ってください。計算式は，合計キャッシュフローは，SUM 関数を使って対象となる期間のキャッシュフローを足し算の対象にします。そして，期間に含まれる年目の数を含まれるデータ個数を数える COUNT 関数を使って数え，そこからゼロ年目の分の 1 を引きます。これで対象年数が求められましたので，合計キャッシュフローを対象年数で割ると，年当たりの平均キャッシュフローが計算できます。その結果を， 0 年目のキャッシュフロー，つまり投資額で割ると，投資利益率が計算されます。

図表 5 -15　投資利益率のエクセル計算式

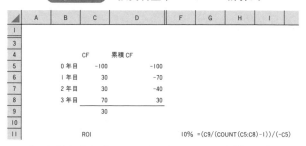

投資利益率＝SUM(0 年目を含むすべてのキャッシュフロー)/(count(キャッシュフローのデータ数)－ 1)/ 0 年目のキャッシュフロー

5 ここまでの2指標のまとめ

●時間価値の回収期間，収益性の投資利益率

ここまで見た2指標について，いったんまとめてみましょう。

指標の単位は，回収期間は年，効率を表す投資利益率は％を使います。そして，早さの指標である回収期間は数字が小さいほうがよく，効率を示す投資利益率は大きいほうがよいと，向きが逆でした。この点は間違えないように気をつけてください。

それぞれの見方も特徴的です。回収期間はキャッシュフローが「早い」ことを大事にする，時間価値を表す指標でした。しかし，期間合計の収益性は考慮できないという短所がありました。

もう一方の投資利益率は，今度は期間全体の合計キャッシュフローをカバーできるので，収益性を表すことができます。しかし，回収できるまでの早さは反映しないのが欠点といえます。

このように，回収期間も投資利益率も一長一短があるのです。投資を考えるうえでは，時間価値も収益性もどちらも重要な見方です。勘のいい方はお気づきだと思いますが，この後出てくる2つの指標は，これらの欠点をカバーできるものです。

4つの指標を紹介する本書の中での順番は，投資評価実務の歴史の流れとも整合しています。従来から，回収期間と投資利益率は投資評価に使われることがよくありました。最近になって，投資評価が盛んになってくると，これらの欠点を気にする会社も増えたため，欠点を解消できるよう，次にご紹介する指標を使う会社が，時間の流れとともに少しずつ増えているのが現状です。

図表 5 -16　2 指標のまとめ

No	名称	単位	改善した場合の指標の動き	時間価値 (合計キャッシュフローが 0 になる時点が早い)	収益性 (合計キャッシュフローが大きい)
1	回収期間	年	↓	○	×
2	投資利益率	%	↑	×	○

　この後に出てくる 2 つの指標は，計算が少しややこしくなりますが，収益性と時間価値に注目することが理解の根幹となります。現時点で上記のまとめの表がいまひとつ理解できていない場合は，少し戻って確認していただくといいかもしれません。そのうえで，次の 2 つの指標を学び終えたときに，4 つの指標のまとめが完成することを目指していきましょう。

第**6**章

正味現在価値と
内部収益率の指標

1 　時間の違いを換算で揃える

●時間価値と収益性を両立させたい

　ここまで紹介した2つの指標は，時間価値と収益性のどちらかしか反映でき
ないという話でした。そういわれると，どちらも反映する方法はないのか？
と考えるのは自然でしょう。

　このような問題意識を踏まえて考えられたのが，時間の重みづけをするとい
う方法です。

　時間価値というのは，キャッシュフローが得られるのが早いほうがいいとい
う考え方でした。つまり，効果が3年間続く投資であれば，期間合計のキャッ
シュフローの金額が同じだったとしても，3年目よりも2年目，2年目よりも
1年目のキャッシュフローが大きいほうがいいわけです。

　このことに着目して，数字を使って重みづけをします。今の100円と1年後
の100円は，額面は100円だったとしても，早いほうが好ましい時間価値の世界
では，実質的には同じ価値ではありません。このことを，言葉で伝えるのはわ
かりづらいため，投資評価の世界では数字で表現することを試みます。

●額面が同じ100円でも実質的な価値は「今」のほうが高い

　今の100円と，1年後の100円。先ほどの話のとおり，1年後の100円よりも
今の100円のほうが価値が高いと考えられます。

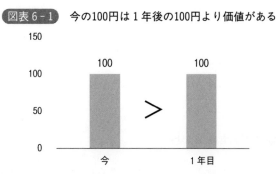

図表 6 - 1　今の100円は 1 年後の100円より価値がある

　ということは，今の100円は， 1 年後の価値でいえばいったいいくらと同じ
になるのかを考えてみます。ここで，利子の考え方を使います。
　例えば，利子が 5 ％だとしましょう。
　今の100円を預金すれば，利子が付きます。 1 年間で 5 円です。これを合わ
せると， 1 年後にはお金は105円に増えます。今の100円は 1 年後には105円に
なるということは，今の100円と 1 年後の105円は同じと考えるのです。

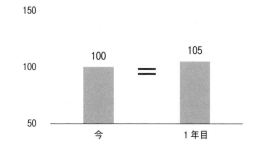

図表 6 - 2　今の100円は 1 年後の105円と価値が同じ

　ここでなぜ利子率を使うかといえば，「お金にかかるお金」だからです。お
金のレンタル料ともいえます。利子は「我慢代」なのです。銀行などに預ける
のですから，その間，別のことには使えません。別のことに使うのを我慢する

ためのコストです。すでに習ったコストの考え方を使うなら，まさに機会コストです。このことに着目し，この機会コストの分を数字に換算するために，利子の考え方を使って計算します。これにより，時点の違いによる価値の違いを，数字に反映することができます。

●利子率は時間の換算レート

話が概念的になってしまったので，この利子とは何なのかをわかりやすく説明してみましょう。利子率というのは，「時間の換算レート」のことです。

海外旅行に行くときに，皆さんは外貨両替をすると思います。日本円は現地のお店やレストランでは使えないため，現地の紙幣やコインを手に入れます。しかし，実際に現地で買い物する際には，皆さんの頭の中で，もしくはスマホの電卓機能を使って日本円に換算し直すのではないでしょうか。なぜなら，日頃使い慣れた日本円で考えることで，買いたいものが高いのか安いのかが判断しやすくなり，買うかどうかの意思決定がしやすくなるためです。

先ほど紹介した利子率もまったく同じです。利子率は，時間によるお金の価値の違いを調整する役割を果たしています。時点ごとに価値が違う，早いほうがいいといわれても，どれだけ違うのかがあいまいな状態では判断しづらいものです。そこで，利子率という具体的な数字を使って計算し直すことで，時点による価値の差をはっきりさせたうえで判断できるようにするのです。

図表 6 - 3 換算レート

対象	名称	例	役割
空間	外国為替レート	1 ＄＝105円	日本円と US ドルをつなぐ
時間	利子率	年 5 ％	今時点と 1 年後をつなぐ

● 今時点に揃えるのは，日本円に揃えるのと同じ

先ほど，私は海外では日本円に換算して判断するといいました。これは，数ある外国通貨の中でも，日本円を基準にしているということを意味しています。

では，時間の換算ではどこに基準を置いたらいいでしょうか。投資評価では，現在時点を基準とします。「現在」が最も皆さんに身近な時点であることが理由であり，これは，私にとっては日本円が最も身近だということと同じです。

タイミングによって差がある100円を，すべて今時点の基準で換算し直します。将来の金額を，「1＋利子率」で割り算します。

例えば，1年後の100円に利子率5％を当てはめます。計算式は，100÷（1＋5％）＝約95円（本当は端数が生じますが，省略）となります。なぜ，1＋利子率で割り返すかといえば，もともといくらだったものが，1年後の100円になったかを求めるためです。

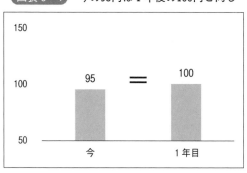

図表6-4　今の95円は1年後の100円と同じ

このように，今の基準に価値を換算するときに，割り算を使い，計算後の金額が小さくなることから，この計算のことを投資評価の世界では，「割引」と呼びます。「タイムセール30％割引」などと同じく，計算された結果は必ず元よりも安くなります。人によっては，時間による価値の差を調整するには，掛け算するのか，割り算するのかわからなくなってしまうかもしれません。そん

なときにも，この割引という言葉を思い出して，「安くなるんだから，割り算」と連想してもらうといいかもしれません。当たり前ですが，この段階で掛け算してしまうと，最終的な指標の計算も間違ってしまいます。ですので，実務では自分が決して間違うことのないように，「わかりやすすぎるくらい簡単」なイメージを持って計算を理解しておくことは重要です。

　難易度が高いと思われがちな投資評価の世界も，数字が何かおかしいとチェックすると，このような簡単なはずの箇所で間違っているというケースを私もいくつか見てきました。わかりやすさを馬鹿にすることは決してできません。このイメージを自分の中に定着させたうえで，実際の計算結果を確認すること（例えば，ここでは計算結果が元の数字より小さくなっていること）を怠らなければ，ミスをすることはないはずです。

　なお，ここまで割引に使う時間の換算レートを利子率といってきましたが，投資評価の世界では「割引率」と呼びます。字のとおり，割引に使う率（パーセンテージ）だからです。割引率という言葉は実務で頻繁に使われます。

2 現在価値を計算する

●現在価値とは単純に今時点の価値のこと

ここまで，今時点の価値に揃えるために，割引率を使って割引する方法を説明してきました。投資評価の世界の言葉でいえばこう表現されますが，わかりやすくいえば，「利子率を使って，割り算することで今時点の価値を求める」といえます。

このように計算された今時点の価値にも用語があり，「現在価値」と呼びます。現在，つまり今時点の価値という意味ですので，そんなに難しくはないと思います。これも非常によく使われますので，ぜひ覚えておいてください。

使い方はこうです。例えば，先ほど一緒に計算した 1 年後の100は，割引率が 5 ％の場合には，「1 年後の100の現在価値は95」といいます。

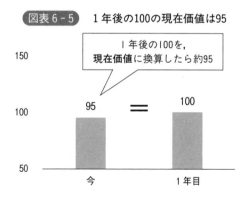

図表 6 - 5　　1 年後の100の現在価値は95

● 1 年経つごとに割り算を 1 回増やす

これで，1 年後の100を現在価値にする方法がわかりました。では，次に 2 年後の100だったらどうしたらいいでしょうか。答えは簡単で，さらにもう 1 回，つまり全部で 2 回割り算をすればよいのです。

2 年後の100を 1 回 5 ％で割り戻すと，約95になります。これが現在価値かと思ったらそうではありません。2 年後の金額から 1 回割引（＝割り算）しても，1 年後の時点に戻っただけですので，まだ今時点ではないのです。そこで，この約95をもう 1 回割引すると，さらに 1 年前に戻れますので，ようやく今時点となります。計算にすると，2 年後から 1 年後と同じく，約95÷（1 ＋ 5 ％）＝約90です。

まとめると，2 年後の100を今時点に戻したいのであれば，100÷（1 ＋ 5 ％）÷（1 ＋ 5 ％）を計算すればよいのです。（1 ＋ 5 ％）を 2 回というのを，数学では右肩に小さな数字を付けて，$(1＋5％)^2$（この小さな数字は 2 乗（じょう）と読みます）と表すため，$100÷(1＋5％)^2$という表記も見かけるかもしれません。意味はまったく同じです。

3 年後の100であれば，割り算 3 回というように，遡りたい年数だけ割り算を行うことで，何年後の金額でも現在価値に置き直すことができるのです。

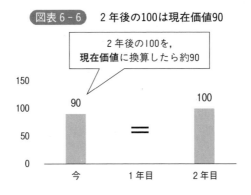

図表 6 - 6　2 年後の100は現在価値90

2 年後の100を，
現在価値に換算したら約90

● 現在価値を足してみる

　ここまでで身につけた割引による現在価値の計算を使えば，時間価値，つまり「早いほうがいい」を反映することができるようになります。

　少し復習ですが，なぜこの小数点以下の端数が生じる細かい割引計算をするのかといえば，将来になればなるほどお金の価値は下がる，ということを具体的に数字に表すためでした。ですので，1年目，2年目，3年目それぞれの数字を割り引くことで，それぞれの現在価値が計算されます。

　ここまでずっと見てきたA案について，実際に計算してみましょう。

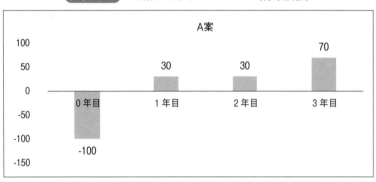

図表6-7　A案のキャッシュフロー（将来価値）

　ここでは割引率を10％とします。具体的には，

　1年目＝30÷（1＋10％）＝約27

　2年目＝30÷（1＋10％）÷（1＋10％）＝約24

　3年目＝70÷（1＋10％）÷（1＋10％）÷（1＋10％）＝約52

と，それぞれの年のキャッシュフローは計算できます（わかりやすいよう，ここでは端数を省略します）。

　0年目は今時点のお金のことですので，割引する必要はありません。

　これで，4期分のすべてのキャッシュフローが現在価値になりました。

134

現在価値にそれぞれ置き直すと，棒グラフは**図表6-8**のとおりです。

　ちなみに，割引計算後の数字を現在価値というのに対して，もとの30，30，70の数字のことを「将来価値」と呼ぶことがあります。これは，現在価値が現在時点の価値の略だったのと同じく，将来時点の価値という意味から来ています。現在価値ほどに耳にすることは多くないのですが，2種類の数字を使い分ける場合には便利な言葉ですので，知っておいて損はないでしょう。

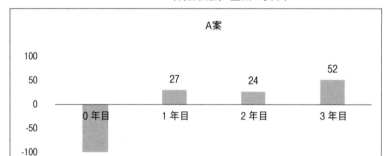

図表6-8　A案のキャッシュフロー
（現在価値，整数で表示）

●ベクトルテストで確かめる

　計算した現在価値が正しいのかどうかを，ベクトルテストを使って考えてみましょう。将来価値と呼ばれるもとの数字よりも現在価値は小さくなるはずですので，この関係性を利用します。1年目，2年目，3年目すべて，元の数字よりも小さくなっているので，まずはOKです。これは，ベクトルの向きの話です。

　続いて，ベクトルの大きさに注目します。1年目と2年目の元の数字は両方とも30でした。現在価値は，1年目が27，2年目が24です。将来になればなるほど価値が減るはずなので，これも正しそうです。また，1年目の減り幅3，

2年目の減り幅6に対して，3年目は70から52と18も減っています。これは，元の数字が大きいことと3年目と最も遠い将来であることを考えると，おかしくはないでしょう。

　手戻りを防ぐためには，この後の指標の計算に入る前に各年度の数字をこのように確認しておくことが大事です。

3 正味現在価値

● 現在価値を足すと正味現在価値になる

図表 6-9　A 案のキャッシュフロー
（現在価値，小数点以下第 1 位まで表示）

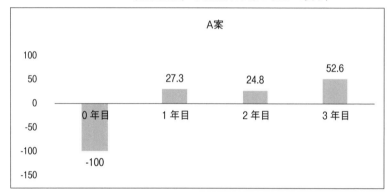

それぞれの年度の数字を計算できました。これらは，すべて今時点の価値に
直していますので，基準が揃っています。そこで，これらの数字を足してみま
しょう（ここでは，指標への影響を踏まえ，図表 6-8 の結果を小数点第 1 位
まで表示しています）。

現在価値の合計キャッシュフロー
　＝ 0 年目の現在価値＋ 1 年目の現在価値＋ 2 年目の現在価値＋ 3 年目の現在価
　　値
　＝－100＋27.3＋24.8＋52.6
　＝＋4.7

実は，このように求められた結果が，「正味現在価値」と呼ばれる 3 つ目の

投資評価の指標なのです。英語では，Net Present Value（ネットプレゼント
バリューと読みます）といわれ，頭文字をとって NPV と表現されることも非
常に多いものです。日本語に直すと，Net は正味，Present は現在，Value は
価値です。つまり，英語をそのまま直訳して正味現在価値と呼ばれています。

　正味というのは，合計という意味もありますので，全体では現在価値の合計
を意味します。ということは，先ほど計算したとおり，各年度の現在価値を合
計するという計算方法を示しています。

　現在価値に換算したといっても，引き続き金額を示していますので，それを
合計した正味現在価値も指標の単位は，円などの金額です。

　会社の中の投資に当てはめて考えると，こう整理できます。投資には多額が
必要なので，銀行からの融資や株主からの資本など資金調達の必要があります。
誰もただでは貸してくれませんので，利息を払います。そこで，生み出される
キャッシュフローを，資金調達にかかった利息を考慮したうえで調整し，合計
したものが正味現在価値といえます。

●計算式の骨格はこれまでの合計キャッシュフローと同じ

　正味現在価値の計算式と，通常の合計キャッシュフローの計算式を比べてみ
ましょう。正味現在価値のほうの式は，これまで学んだ時間価値の調整を 0 年
目以外の各年度で行っているため，割り算がされています。しかし，その計算
結果が足し算で合計されているという点では，合計キャッシュフローの計算式
と同じです。つまり，個々の要素は調整されているものの，全体の計算式の骨
格はまったく同じなのです。

図表 6 -10　合計キャッシュフローと正味現在価値の計算式の比較

・通常の合計 CF　$-100 + 30 + 30 + 70 = +30$

・正味現在価値　$-100 + \dfrac{30}{1.1} + \dfrac{30}{1.1 \times 1.1} + \dfrac{70}{1.1 \times 1.1 \times 1.1} = +4.7$

　計算が細かくなってきてわかりづらいと思った方は，従来の合計キャッシュフローに，時間の調整が入ったという風に2段構えで考えてもらうといいかもしれません。

　また，この計算式の類似点を利用して，ベクトルテストもできます。合計キャッシュフローと正味現在価値では，どちらのほうが小さいでしょうか。答えは，正味現在価値です。

　時間調整の割引計算をした個別の構成要素が小さくなることは，すでに行ったベクトルテストで確認しました。それぞれが小さくなっているものを合計したら，全体も小さくなっているはずです。

　また，理論的にも説明ができます。正味現在価値というのは，将来年度の数字を現在に置き直しているので，必ず小さくなるのです。ということは，その合計である正味現在価値は合計キャッシュフローよりも必ず小さくなります。この公式は，今回のケースに限らず，成り立ちます（ただし，追加投資が期中にあるような例外的な場合は除きます）。

図表6-11　合計キャッシュフローと正味現在価値のベクトルテスト

合計キャッシュフロー＞正味現在価値

●正味現在価値は「早い」と「大きい」を両方カバー

　もう1つ，正味現在価値の計算式からわかることがあります。それは，金額が大きい，つまり，収益性もこの指標は考慮しているということです。すべてのキャッシュフローが，時間調整はあるものの，合計されています。ということは，すべての年度のキャッシュフローが考慮されているということを示しています。もともと，個別に割引計算することで時間価値が反映されていましたが，合計することで収益性も考慮されているのです。

　まとめると，正味現在価値は，時間価値と収益性をともに叶える指標なので

す。これまで紹介した2指標が対応できなかった短所がようやく解消されました。

●実際に正味現在価値を計算してみよう

それでは，A案の計算を参考に，B案とC案の正味現在価値を計算してみてください。

図表6-12　【例題】B・C案の正味現在価値

※時間割引率は10%とする

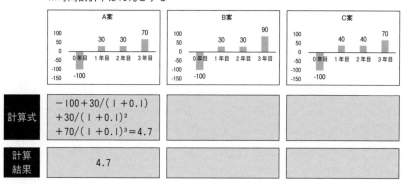

計算式としては，先ほどのA案と同様です。まず，各年度のキャッシュフローを現在価値に置き直すために，（1＋10%）で割り算します。割る回数は，年度の数に相当します。その結果をプラスとマイナス，つまりキャッシュインとキャッシュアウトの違いに気をつけながら全部合計すると，正味現在価値が求められます。

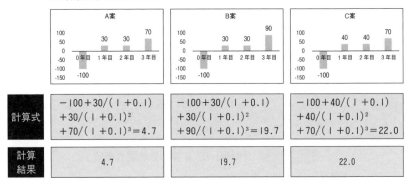

図表6-13　【解答】A・B・C案の正味現在価値

※時間割引率は10%とする

計算式	$-100+30/(1+0.1)$ $+30/(1+0.1)^2$ $+70/(1+0.1)^3=4.7$	$-100+30/(1+0.1)$ $+30/(1+0.1)^2$ $+90/(1+0.1)^3=19.7$	$-100+40/(1+0.1)$ $+40/(1+0.1)^2$ $+70/(1+0.1)^3=22.0$
計算結果	4.7	19.7	22.0

正味現在価値は大きいほうがいい？

　正味現在価値の計算結果をもとに，投資判断をしてみましょう。正味現在価値は大きいほうがいいのでしょうか？　正味現在価値はその名のとおり，投資の結果生まれる価値を表していますので，やはり大きいほうがいいのです。

　ということは，金額が大きい順に，C案，B案，A案の順で採用すべきと判断できます。

図表6-14　正味現在価値の投資判断

どの案を採用するか	C案，B案，A案の順で採用

2つずつ比べるのが確認のコツ

　ここでも，ステップバイステップで，本当にその判断で正しいのか確かめておきましょう。同時に3つの案を比べるとわかりづらいので，2つずつ比較す

るのがおすすめです。

　まず，A案とB案を比べると，B案の正味現在価値のほうが大きいです。これはなぜかといえば，合計キャッシュフローがそもそもB案のほうが大きいことが原因と考えられます。A案は合計キャッシュフローが＋30に対して，B案は＋50でした。ということは，時間調整以前に生み出す価値の大きさが，この差につながっても不思議はありません。

　次に，B案とC案を比べます。この2つは合計キャッシュフローはどちらも＋50で同じですが，C案のほうが早く回収できるというものでした。つまり，「早い」＝時間価値の観点からいえば，B案よりもC案のほうが望ましいのです。この結果を，正味現在価値も示しています。

●採用順は決して間違えてはいけない

　このように，これまでの2指標同様に，グラフから読み取れる情報と計算結果の大小を比べることで，採用の順番が正しいことを確かめられます。

　実務では，多くの場合，複数の案を比較します。そのとき，例えば，今回の3案のうちC案の計算結果が＋22ではなく＋23だったとしても，やはりC案の正味現在価値が最も大きいので，採用の順番は変わりません。つまり，計算ミスが採否に影響するとは限らないのです。ですので，特に時間が限られている場合には，細かく計算をチェックするよりも，採用順に影響しそうな点を中心に確認を行うのがおすすめです。

●手計算が面倒なのがデメリット

　正味現在価値をここまで見てきて，時間価値と収益性を両立している指標だとおわかりいただけたかと思います。だからこそ，日本の企業実務の中で，回収期間や投資利益率に続いて，利用されることが増えてきたのです。

　しかし，そんな正味現在価値にもデメリットがあります。それは，計算が煩

142

雑だということです。

図表 6-15　正味現在価値のメリット・デメリット

この指標の特徴	GOOD：時間価値と収益性の2つを考慮している BAD ：計算が複雑

　先ほど実感いただいたと思いますが，小数点以下の計算が多数生じるので，電卓を使った計算では計算ミスが心配になると思います。特に，実務の投資評価では，効果が期待できる期間が十数年というケースもよくありますので，十数回の割り算をするのは大変です。

　そこで，エクセルの関数をぜひ活用してください。エクセルの関数の中に，NPV 関数というものがあります。その名のとおり，正味現在価値を計算するための関数です。

　関数の引数に，割引率や，毎年のキャッシュフローの金額を入れることで，自動計算してくれます。実際の計算はこの関数を活用して，自身では先ほど紹介したようなベクトルテストを行うことで，誤りを防ぐといいでしょう。

図表 6-16　正味現在価値のエクセル計算式

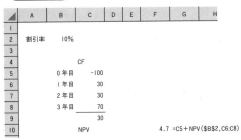

正味現在価値＝0年目 CF＋NPV（割引率，1年目，2年目と CF 額を＋－で入力）

4　内部収益率

●収益性と時間価値を両立したもう1つの指標

先ほど紹介した正味現在価値は，投資評価に極めて重要な2つの観点，時間価値と収益性をともに満たすというものでした。計算が面倒という担当者としてはうれしくない面はあるものの，正味現在価値を使えば，より客観的な投資評価ができます。

これでめでたしめでたしと，指標の紹介は終わりかと思いきや，実はもう1つ指標があります。それは，「内部収益率」と呼ばれます。

なぜもう1つの指標が必要なのでしょうか。それは，実務では，投資規模にかかわらず比較したい場合もあるからです。

先ほど紹介した正味現在価値は，最終的に生み出されたキャッシュフロー，つまり金額がその単位でした。例題の3つの案の比較でも，利益の額の順に採用を決めましたが，実はこれには前提があります。投資額が同じであれば，正味現在価値の金額で判断してもよいのですが，そうでない場合には注意が必要なのです。

●正味現在価値は利益額，内部収益率は利益率

正味現在価値は，皆さんにわかりやすいよう会計の世界でたとえれば，利益額に当たります。利益額は，比例とまではいきませんが，売上が大きいほど大きくなる傾向があります。ということは，同じような売上の会社であれば，利益額が大きいほうが好ましいといえるはずです。売上は投資額に，利益額は正味現在価値に当たると考えると，先ほどの例題の結果は，会計と同様に，投資額は同じなので，正味現在価値だけで判断できるといえます。

しかし，実際に会社が行う投資では，投資額が同じものばかりが案件として出てくるとは限りません。投資額が小さいものもあれば，大きいものもあります。これらのように大きさが異なる投資案件を一律に比較することが実務では求められることもあるのです。そのときに使われるのが，ここから紹介する内部収益率と呼ばれる指標です。

内部収益率は，会計の世界の利益率のようなものです。売上の規模によって利益の金額が異なるのは当然ですが，利益を生み出す効率で優劣をつけるのに利益率は使われます。内部収益率も，投資額が異なっていても，お互いの投資効率を比較するのに用いられます。

つまり，正味現在価値と内部収益率は，ともに時間価値と収益性を満たすものではありますが，使いみちが異なるため，両方とも実務では使われるのです。

●内部収益率は投資案件の利回りのこと

内部収益率については，その使いみちが大事です。正味現在価値とのこのような違いを押さえておいてください。そのために，英語名や計算式よりも先にこの話をしました。

一応，英語名も押さえておきましょう。Internal Rate of Return（インターナルレートオブリターンと読みます），頭文字から IRR（アイアールアールと読みます）と呼ばれることもよくあります。

会計の利益率に当たる効率を表す指標ですので，「％」で表示されます。何を計算しているかというと，投資案件の利回りです。

ちなみに，なぜ Internal（内部という意味）とつくかといえば，インフレ率など外部環境による影響を無視して，会社内部に焦点を当てた，という意味のようです。

先ほど銀行預金の利回りである利子率の話をしましたが，あれは銀行預金という商品の利回りのことでした。一般に銀行預金は安全性が極めて高いとされますが，金融商品の1つです。また，株式投資や不動産投資でも年間利回りが

重視されていることをご存じの方も多いでしょう。これと同様に，投資案件についても，計算される利回りが内部収益率なのです。

●社債の例から計算式を考えてみる

考え方を理解できたとしても，実務担当者として気になるのは，計算の仕方でしょう。

ここでは，わかりやすいよう，まずは社債を例に考えてみましょう。元本据え置き型（元本がそのままの金額で満期に戻ってくる），償還期間3年，毎年5万円社債利息が支払われる100万円の社債があったとします。この社債が他の金融商品に比べてどれだけ有利なのかを知るために，この社債の利回りを計算してみようと思います。

図表6-17　社債のキャッシュフロー

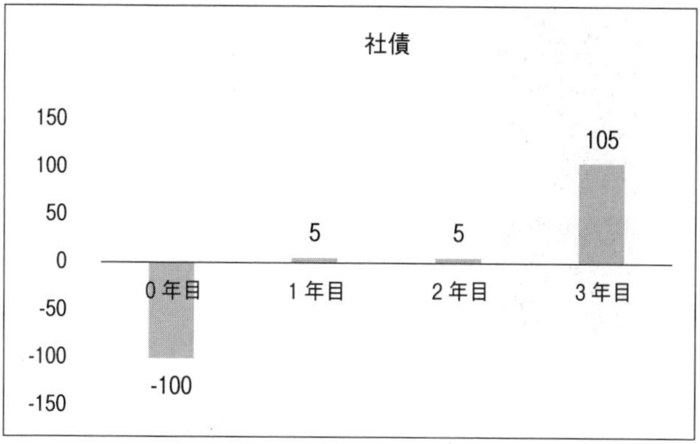

利回りは，以下の式を x について解くことで計算できます。

$$-100+\frac{5}{1+x}+\frac{5}{(1+x)^2}+\frac{105}{(1+x)^3}=0$$

よく見ると，この式は正味現在価値を求めるのに使った式によく似ています。正味現在価値の計算の式の割引率の部分を x（計算で求める数値）にして，正

味現在価値の計算式を＝0にしたかたちなのです。つまり，学生時代に数学でやった x を解くことで，利回りは求められます。

●利回りである内部収益率を求めよう

それでは，いままでのA案で内部収益率を実際に計算してみましょう。

図表6-18 【例題】A案の内部収益率

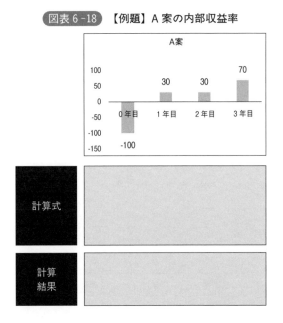

すでに説明したとおり内部収益率も利回りですので，先ほどの社債の利回り計算と同様の計算式を使います。正味現在価値の式を参考に，割引率の0.1を x に置き換え，正味現在価値の計算結果である＋4.7を0に置き換えます。慣れるまでは，このように計算式の骨格を並べるとわかりやすいと思います。

図表 6 -19　正味現在価値と内部収益率の計算式の比較

・正味現在価値　　$-100 + \dfrac{30}{1.1} + \dfrac{30}{1.1 \times 1.1} + \dfrac{70}{1.1 \times 1.1 \times 1.1} = +4.7$

・内部収益率　　$-100 + \dfrac{30}{(1+x)} + \dfrac{30}{(1+x)^2} + \dfrac{70}{(1+x)^3} = 0$

●実際に内部収益率を計算してみよう

それでは，B 案と C 案について内部収益率を計算してみましょう。まずは A 案をまねして当てはめてみるだけでも，慣れるのに役立つと思います。

図表 6 -20　【例題】B・C 案の内部収益率

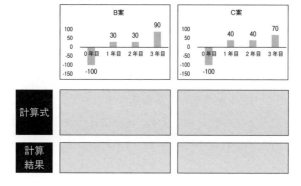

A 案との違いは，各年のキャッシュフローだけですので，その数字のみ置き換えれば計算式は完成します。これらの式について，x を求めると，以下の結果になります。

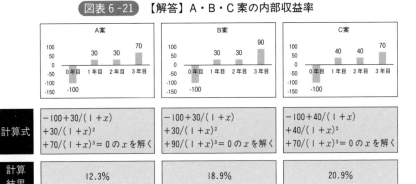

図表 6 -21 【解答】Ａ・Ｂ・Ｃ案の内部収益率

●内部収益率の計算にはエクセルが必須

　皆さん，ここで疑問が生じるはずです。肝心の x はどうやって求めるのか？と。

　懐かしの数学で１次方程式，２次方程式と，x^2 までの求め方は習ったと思いますが，x^3 になると求め方がわからないはずです。実は，これは通常の電卓では計算できません（関数電卓なら計算可能です）ので，実務ではエクセルを使って計算することが必須だと思います。正味現在価値は手で計算できないことはありませんが，内部収益率の場合はほぼ不可能です。エクセル関数の中に，IRR 関数というものがあります。その名のとおり，内部収益率を求めるための関数ですので，これを使いましょう。

　ちなみに，今回は，３年目までなので３乗ですが，例えば，８年目までということであれば，x^8 まで登場しますので，ここはさっさとエクセルに任せるべきところといえます。

図表 6 -22　内部収益率のエクセル計算式

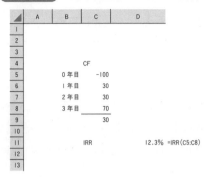

内部収益率＝IRR（ 0 年目から順番に，各年の CF 額を＋－で入力）

●内部収益率も大きいほうがいい

　内部収益率の計算結果をもとに，投資判断をしてみましょう。内部収益率は投資案件の利回りでしたので，やはり大きいほうがいいのです。ということは，数字が大きい順に，C案，B案，A案の順で採用すべきと判断できます。

図表 6 -23　内部収益率の投資判断

どの案を採用するか	C案，B案，A案の順で採用

●内部収益率の特徴は正味現在価値とそっくり

　それでは，内部収益率の特徴をまとめておきましょう。冒頭に触れたとおり，時間価値と収益性をともに考慮している指標というのが利点です。一方で，欠点は，計算がかなり複雑ゆえに煩雑という点が挙げられます。

図表6-24　内部収益率の特徴

この指標の特徴	GOOD：時間価値と収益性をともに考慮している BAD　：計算がかなり複雑（手では計算できないレベル）

　長所も短所も，どちらも正味現在価値に共通しています。しいていうなら，計算の煩雑さは内部収益率のほうが勝っているという点は異なりますが，はじめに紹介した2指標に比べれば，正味現在価値も内部収益率もどちらも計算が煩雑です。

　計算が煩雑ということは，計算式が複雑ゆえに，意味合いを説明してもなかなか理解されづらいことにつながります。したがって，内部収益率と正味現在価値は投資指標として優れているものの，投資評価の考え方になじみの少ない方からすると，難しいという印象を持たれがちです。このことにどう対応するかは，実務においてはとても大事ですので，後ほど詳しく扱いたいと思います。

第 **7** 章

割引率と内部収益率

1 正味現在価値と内部収益率の関係

●正味現在価値と内部収益率は双子の関係

正味現在価値と内部収益率の計算式が似ているという話はすでにしました。正味現在価値が0になるような割引率こそが内部収益率ということもできます。つまり，正味現在価値と内部収益率は「双子」の関係にあるといえます。

図表7-1 正味現在価値と内部収益率の計算式の比較

$$・正味現在価値 \quad -100+\frac{30}{1.1}+\frac{30}{1.1 \times 1.1}+\frac{70}{1.1 \times 1.1 \times 1.1}=+4.7$$

$$・内部収益率 \quad -100+\frac{30}{(1+x)}+\frac{30}{(1+x)^2}+\frac{70}{(1+x)^3}=0$$

特に，今回の例題のように投資額が同じ場合には，正味現在価値による投資判断と，内部収益率による投資判断が一致します。

図表7-2 A案・B案・C案の指標の計算結果

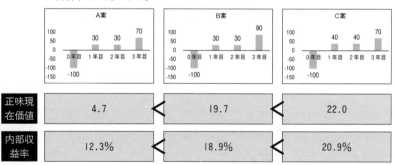

●内部収益率（IRR）特有の確認方法

　このような固有の関係性を使って，内部収益率の確認をする方法があります。

　正味現在価値がプラスということは，内部収益率は，正味現在価値の計算に用いた割引率よりも大きいはずということです。なぜなら，この投資案件は，この割引率を前提とした場合には儲かるということを示しているからです。ということは，投資案件の利回りである内部収益率は，この割引率よりも高いことがわかります。

　つまり，この例題であれば，A案・B案・C案すべて正味現在価値がプラスですので，いずれも内部収益率は10％超であることが推測できます。実際に，計算で求めた内部収益率はそうなっており，正しそうなことが確認できます。

　すでに述べたとおり，内部収益率は計算が複雑で確認しづらいものゆえ，このような正味現在価値の結果を使った確認は容易にでき，実務では役立ちます。

2 ２つの利回り，割引率と内部収益率

●内部収益率はいくらを目指す？

内部収益率についてひととおり説明しましたが，投資の利回りに当たる内部収益率は最低いくつならいいのでしょうか？　その答えは，資金調達コスト次第といえます。

資金調達コストとは，資金を調達するために支払う費用のことです。すでにちらっと触れたとおり，会社は投資を行う際に多額のお金が必要なので，新たに融資を受けることもよくあります。そうでなくても，そもそも会社というものは，通常時から株主からお金を集め，銀行などからお金を借りて運営しています。

会計では，BS の貸方は資金調達を示すといわれ，前者は資本，後者は負債と呼ばれます。得たお金については誰もただでは提供してくれていないので，株主であれば配当金を，債権者であれば利息を支払わなければなりません。調達コストを負担して資金を得ることで，会社は投資を含むあらゆる事業活動を行うことができるのです。

図表 7-3　BS と 2 つの利回りの関係

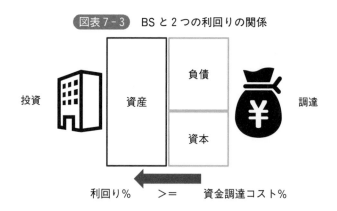

　ということは，何か投資をする以上，最低限は資金を調達するのにかかった
コスト以上の利回りを得ないと，投資を行う価値はないといえます。

●割引率とは投資に期待する目標利回りのこと

　例えば，資金調達コストが8％だったとしましょう。つまり，資本と負債合
わせて，資金を用意するのに8％のコストがかかっていたとします。その場合，
皆さんは投資案件の内部収益率として8％以上を期待するでしょう。もし内部
収益率が6％と，8％より低い数字だったとしたら，この投資から得られる利
回りが資金の調達コストを下回ってしまいますので，損をしてしまいます。そ
んな投資案件であれば，むしろ実行しないほうがいいわけです。

　この場合の8％が，投資案件に対して最低限期待する利回りになります。正
味現在価値で出てきた割引率というのは，このように決まります。つまり，割
引率は，会社が期待する投資利回りのことであり，資金調達コストを最低限と
して決定されます。

　このことから，割引率は，ハードルレート（Hurdle Rate）と呼ばれること
があります。ハードルとは，陸上のハードルのように，投資を実行するために
越えるべき関門という意味です。この利回りを超えたら投資が採用されるとい
う基準として，社内に共有されている場合があります。グローバル企業では，
各事業や国によって異なるハードルレートが設定されており，毎年更新される
のが一般的です。

●割引率は資金調達コストよりも大きい数値を設定

　この「最低限」という言葉が実はミソです。
　割引率＝会社が投資案件に最低限は期待する利回り
ですが，
　会社が投資案件に最低限期待する利回り＝資金調達コスト

とは限りません。

　先ほどの例でいえば，資金調達コストは８％ですので，会社が投資案件に期待する利回りである割引率として８％を採用したらどうなるでしょうか。儲けが０の案件を採用してしまうかもしれないのです。割引率を８％にすると，資金調達コストと同じなので，儲けがゼロでもいいと宣言しているようなものです。

　会社は営利目的である以上，投資を行うからには，資金調達にかかったコストを賄ったうえで，儲かる必要があります。そこで，割引率には，資金調達コスト＋α，つまりは上乗せをすることがほとんどです。

図表 7 - 4　**割引率の決め方**

「割引率」＝資金調達コスト＋α（上乗せ幅）

●上乗せ幅は各社それぞれ

　Ａ案からＣ案で構成された例題では，10％と簡単に与えられた割引率ですが，実務においてはとても悩ましい数字であり，そう簡単ではありません。

　よく，上乗せ幅は何％にしたらいいのか，というご質問をいただくことがあります。これには特に決まりはありません。どちらかといえば，投資評価を運用するにつれ，決まっていくような数字といえます。例えば，１％か２％を適当に使うということでも実は構いません。また，資金調達コストの計算に少し不安があるのであれば，大きめの上乗せ幅ということでもいいと思います。さらに，先ほどは割引率は資金調達コストより大きいことが必要といいましたが，実際には資金調達コストをそのまま使うケースもあります。このことは，各社の「ビジネスジャッジ」なので，頭を使って長時間悩む類のことではないのです。

　投資評価の世界には，割引率に限らず，このような決め事がいろいろありま

す。投資評価の運用がうまくいかず頓挫する会社の特徴として，これらの細かい点が気になってしまい，時間を浪費しているという傾向があります。まずは細かいことは仮置きで進めて，全体の流れを繰り返す中で考えていくというやり方をおすすめします。

したがって，割引率について迷うようなら，まずは α ＝ゼロからスタートしてもいいと思います。そのうち慣れてきたら，自社に合う数値や方法が見つかります。

割引率の決め方で大事なのは，資金調達コストを下回らないことと，投資評価を止めないことなのです。

●割引率は目標，内部収益率は予想の利回り

割引率も利回りだとすると，同じく利回りだった内部収益率と何が違うのか，と混乱する方もいると思います。

同じ利回りでも，割引率は会社の「目標」の利回りであり，内部収益率はその投資案件の「予想」の利回りなのです。

割引率は，先ほどの説明のとおり，資金調達コストをもとに「投資するからにはこれくらい利回りを上げてもらわないとね」という目標水準の利回りのことでした。

一方で，内部収益率は，そのような目標もなく，また調達コストのことも考えない状態で，この「投資案件の利回りは X％と予想されます」（投資実施前なのであくまでも予想にすぎません）という予想の利回りなのです。

ですので，正味現在価値を出す場合には，先ほどのような「決め事」をする必要がありますが，内部収益率を出す場合には，特に必要ありません。内部収益率の計算は，キャッシュフローとそのタイミングさえわかれば計算できるからです。計算はとても複雑ですが，実は計算に必要な情報は少ないのです。

図表 7 - 5 　　 ２つの利回りの違い

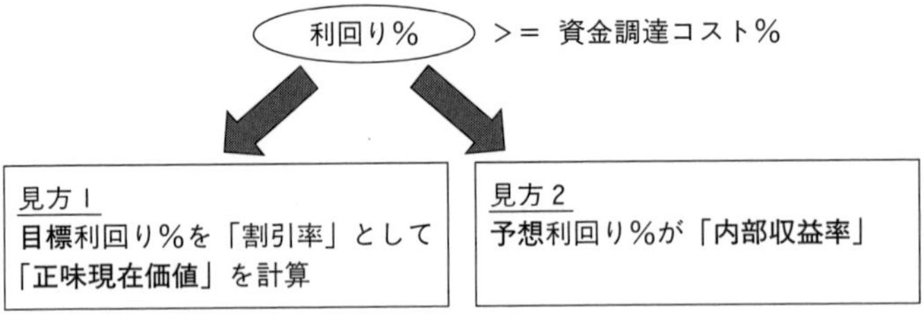

利回り％ 　　 >= 　資金調達コスト％

見方１	見方２
目標利回り％を「割引率」として「正味現在価値」を計算	予想利回り％が「内部収益率」

3 ┃ 資金調達コストの計算

●資金調達コストは WACC と呼ばれる

　割引率を決めるもとになるのは，資金調達コストだと話してきました。ここでは，その資金調達コストをどのように計算するかを説明します。

　資金調達コストというのは，資金調達した金額に対して，どれだけコストがかかったかの比率を表すものです。つまり，調達にかかったコストを調達額で割ることで計算されます。

　資金といっても，すでに見たとおり，資本と負債に分かれますので，別々に見てみましょう。負債であれば，支払利息が必要になります。ただし，支払利息は税金の計算で損金に算入できますので，支払わない場合との差分だけをここでは考慮すればよいのです。一方，資本は配当金を支払う必要がありますが，支払配当は税金の計算上損金になりませんので，全額が差分コストとなります。

　これらを踏まえて，資金調達コストは以下の式で計算されます。

図表 7 - 6　資金調達コスト（WACC）の計算式

資金調達コスト＝
負債調達コスト×（1 －実効税率）×負債シェア＋株主資本調達コスト×株主資本シェア

　この計算式のように，資金調達コストは，負債と資本のそれぞれのシェアをもとに重みづけして計算されるため，「加重平均資本コスト」と一般に呼ばれます。英語では，Weighted Average Cost of Capital（ウェイテッドアベレージコストオブキャピタルと読みます。まさに前から順に加重，平均，資本のコストという意味を表しています）です。これもまた頭文字から，WACC（ワックと読みます）と呼ばれることが多いです。

コーポレートガバナンス・コードに登場する「資本コスト」とは，明確な説明はないものの，このように計算される「加重平均資本コスト」，つまり，資金調達全体にかかるコストを指すと考えられます。なぜ「資本」という語を含むかといえば，負債のことを他人資本と呼ぶことがあり，株主資本と合わせて，広い意味での資本とされることもよくあるからです。実務においてどちらを意味するかをはっきり示すためには，「株主資本コスト」「他人資本コスト」「総資本コスト」などと明示するのも手です。

●WACC を計算してみよう

実際の計算例を見たほうがわかりやすいと思うので，計算してみましょう。

負債40億円，資本（純資産）60億円，
負債の支払利息５％，資本の配当金（出資に対して）10％，実効税率30％

とします。
　この場合の資金調達コストは，
　5％×（1－30％）×0.4＋10％×0.6＝7.4％
と計算されます。

●WACC の計算は年に１回だけ

この計算式は紹介したものの，必ずしも覚えなくていいと思います。なぜなら，ここまで紹介してきた投資評価の指標に比べて，計算頻度が圧倒的に低いからです。
　投資評価の計算は，投資案件が発生するたびに行う必要があります。しかし，このWACCの計算というのは，１年に１回，会社内で誰かが計算して，それをその後１年間使用します。ですので，計算する機会は少ないのです。

　現に，ある東証一部上場企業では毎年 1 回，WACC を再計算し，その結果を経営会議や取締役会に報告しているという話を会社の方から伺ったことがあります。

　なぜ 1 年に 1 回程度しか計算しないかというと，計算の手数がかかるというのもありますが，投資評価の判断に一貫性を持たせるためといえます。例えば，投資評価のたびに WACC を計算したとします。もし WACC が前回よりも高くなってしまったら，割引率も上がるはずなので，同じ案件だったとしても正味現在価値の数値が前回より小さくなってしまいます。すると，前回の WACC なら採用された投資案件が，今回は採用されないという不整合が起こってしまうからです。

　現時点での資金調達状況を踏まえて計算した WACC を踏まえた結果なのだから仕方がないという考え方もありますが，実務として社内でこれを使うには説明が難しくなり，関係者には理解しづらいことが大いに予想されます。

　そこで，手数の簡略化と投資判断の一貫性確保のために，一般的には WACC は投資の都度ではなく，年に 1 回程度計算されることが大半です。このタイミングに合わせて，先ほど紹介したとおり，投資案件に求める目標利回りである割引率を設定します。

●WACC の計算にこだわらなくていい理由

　上場会社では，減損会計の計算にもこの WACC を用いています。したがって，すでに計算しているのであれば，投資評価用に改めて計算する必要はありません。

　特に上場会社の場合，CAPM（キャップエムと読みます。Capital　Asset Pricing Model の略，日本語では資本資産価格モデルと呼ばれます）を使って，資本調達コストを計算する必要があり，これがとても煩雑です。先に説明したとおり，投資評価に関わる全員が計算できる必要はないので，説明は本書では割愛します。

　詳しく知りたい方は，岡俊子『図解＆ストーリー「資本コスト」入門〈改訂版〉』（中央経済社，2020年）を読むとよいと思います。つまり，これだけで1冊になるほど，資本調達コストの計算は深い論点ですので，多忙な実務においては「程良い距離感」をとることがコツといえます。

　また，ここまで見てきた4つの投資指標との関係の観点からも，WACCが直接関係するのは，正味現在価値だけです。正味現在価値だけは，WACCをもとにした割引率を計算に使うためにWACCが関係しますが，それ以外の3つは関係しません。このことからも，頻度の高い投資評価を中心に考えれば，WACCにそれほどこだわる必要はないといえます。極端にいえば，WACCの計算がわからなくても投資評価を行ううえでは，大きな問題はありません。WACCが資金調達コストのことだという意味合いだけまずはしっかり押さえておいていただければいいと思います。

●WACCで投資評価全体を止めない

　なぜ私自身がWACCやCAPMについて説明することに消極的なのかといえば，使用頻度が低いことも理由の1つですが，WACCが理解できないために投資評価の学習をやめてしまう方や，投資評価全体に対して難しい印象を持たれる方が多いためです。

　ちなみに，投資評価に関する書籍では，割引率やWACCに関する説明から入るものが多いのですが，本書では後ろに持ってきた理由もまさにこれです。皆さんが実務を担ううえでは大した問題にならないことが多いということを経験上確信しているために，通常とは異なる順番で解説してきました。実務での活用頻度が高いものから順番に説明していますので，WACCのことはあまり気にしないでください。

　ちなみに，日本の上場会社の平均WACCは5～6％のようです（「数字で見る日本企業の姿 業績と価値パフォーマンス」（PwCジャパン）によれば，2015年度のJPX日経400構成銘柄の平均WACCは5.6％とのこと）。何らかの

理由で計算が難しいのであれば，そのくらいの数字を目安に使ってもらうのでもいいかもしれません。投資評価だからといって，はじめから完璧な数字だけでスタートする必要はないのですから。自社の現状でできる範囲で，まずは全体を流すことから始めてみてください。

4　資金調達コストとROA・ROE・ROICとのつながり

●資金調達コストとリターンの関係

近年，ROE という指標を，上場企業を中心によく耳にするようになりました。

ROE は，Return on Equity の頭文字をとったもので，「自己資本利益率」のことです。当期純利益を自己資本で割ることで計算されます。

ROE は，以下のような分解も合わせて紹介されることもよくあります。

$$\text{ROE}(自己資本利益率) = (当期純利益÷売上高)×(売上高÷総資産)$$
$$×(総資産÷株主資本)$$
$$= 売上高利益率×総資産回転率×財務レバレッジ$$

●ROE８％達成以上に大事なことがある？！

詳しい方は，日本企業の ROE 目標は８％ということを聞いたことがあるかもしれません。これは，「伊藤レポート」と呼ばれるものの中で紹介されたことで，有名になりました。

伊藤レポートより抜粋

個々の企業の資本コストの水準は異なるが，グローバルな投資家から認められるにはまずは第一ステップとして，最低限８％を上回る ROE を達成することに各企業はコミットすべきである。もちろん，それはあくまでも「最低限」であり，８％を上回ったら，また上回っている企業は，より高い水準を目指すべきである。

具体的な数字である８％だけが目立ちすぎて，やや独り歩きしているように

も感じています。特に，日本企業は海外の企業に比べて ROE が低いとされ，競争力を上げるために ROE に着目しようという動きが近年活発になってきました。

しかし，実は 8 ％という数字以上に大事なのは，「個々の企業の資本コストの水準は異なる」という箇所です。海外や他企業との競争力を考えると， 8 ％を超えることも大事ですが，まずは自社の資本調達コストを上回ることが重要です。つまり，まずは他社比ではなく，自社比にも目を向けましょう。

仮に，自社の資本調達コストが10％だとしたら，いわゆる 8 ％の ROE を達成しても，コストが見合いません。また，自社の資本調達コストが 6 ％だとしたら， 7 ％の ROE でも帳尻が合います。

つまり，自社比でみるためには，これまで計算してきた資本調達コストと，ROE を比べることが必要になります。

●ROE には資本コストを，ROA には WACC を比べる

ここからはコストとリターンの具体的な比べ方を見ていきましょう。

まず，ROE と比べるべきなのは，先ほどの説明とおり株主資本コストです。どちらも分母が資本（純資産）で構成されているので比較に適しています。

次に，ROE と並んで，近年注目されている指標に，ROA があります。ROA は，Return on Asset の頭文字をとったもので，「総資産利益率」のことです。こちらは，資産が分母ですので，整合するように，資金調達コストとしても総資本コスト（WACC）が使われます。

ROE も ROA もどちらも，会社全体の効率を見るのに使われます。ROE であれば，株主資本を使った利益効率を，ROA は資産全体を使った利益効率を見ています。どちらも，PL と BS で計算される指標ですが，これまで使われてきた営業利益率などの PL だけで計算される指標に代わって，KPI として採用する会社が増えています。

図表7-7 リターンとコストの比較表

リターン	対応するコスト	分母	対象
ROE	株主資本コスト	資本（純資産）	会社全体
ROA	総資本コスト（WACC）	資産（総資産）	会社全体

●事業部門に当てはめやすいROIC

ROICという指標を聞いたことがある人もいるかもしれません。これと，ROEやROAは何が違うのでしょうか。違いは，分母と使い方にあります。

ROICは，Return on Invested Capitalの頭文字をとったもので，「投下資本利益率」のことです。

ROE・ROIC・ROAの違いをわかりやすく理解するために，分母に注目してみましょう。

図表7-8 ROA・ROE・ROICの計算式の比較

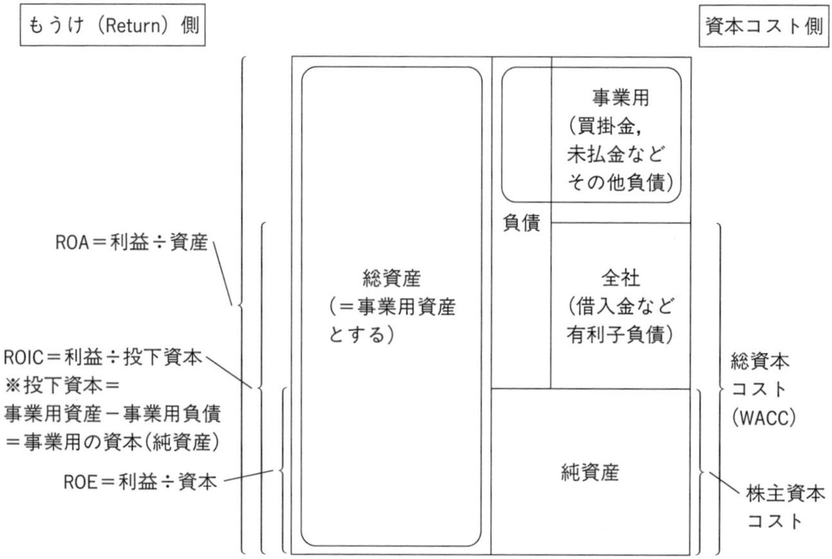

すでにお話したとおり，ROE は純資産のみを，ROA は総資産を分母にして います。どちらも基本的に，会社全体が対象です。

一方，ROIC は，「投下資本」が分母ということですが，これは，事業用資産 から事業用負債を引いたものです。つまり，事業に用いている純粋な資本部分 を求めています。会社には，事業に用いていない遊休資産や投資資産などがあ ることがあります。これらのものを差し引いて事業自体の利益に対応させるべ く使われるのが，この投下資本という考え方です。

さらに，会社には，本社建物など全社で利用する資産もあることも多いので， 多角化企業などでは，これらの共通資産を除外したうえで，それぞれの事業ご との利益と投下資本を計算して，事業ごとの投資効率を求める場合があります。

つまり，この計算式の定義をもとに，事業部門に対して ROIC は適用される ことが多いといえます。ただし，事業用資産や負債を，全社のそれと区分する 必要があるため，試行錯誤している会社も多いようです。

図表7-9　リターンとコストの比較表

リターン	対応するコスト	分母	対象
ROE	株主資本コスト	資本（純資産）	会社全体
ROA	総資本コスト（WACC）	資産（総資産）	会社全体
ROIC	総資本コスト（WACC）	投下資本（事業用の純資産）	会社全体・各事業

5 ４つの指標のまとめと実務での選び方

● ４つの指標のまとめ

これで割引率も含めて４つの指標についてのすべての解説が終わりました。最後に，４つの指標の全体像を確認しましょう。すでに説明済みの内容ですので，もし引っかかる部分があれば，該当するページに戻って確認してみてください。

図表7-10　投資評価4指標のまとめ

No	名称	単位	改善した場合の指標の動き	時間価値 （合計キャッシュフローが0になる時点が早い）	収益性 （合計キャッシュフローが大きい）
1	回収期間	年	↓	○	×
2	投資利益率	％	↑	×	○
3	正味現在価値	円	↑	○	○
4	内部収益率	％	↑	○	○

回収期間は時間価値を反映しているが収益性を考慮しない，投資利益率は収益性を反映するが時間価値を反映しないと，一長一短がある指標でした。しかし，後半に出てきた正味現在価値と内部収益率はどちらも収益性と時間価値をともに考慮するというのが大きな特徴であり，これは近年投資評価によく使われる理由でもあります。

指標の単位もそれぞれ異なります。回収期間は年表記である点が他の指標と異なります。また，投資利益率と内部収益率は，率とつくとおり％表記です。そして，正味現在価値も価値とあるように金額で表示されます。

単位表示にも関連して，％や金額で表示する３つの指標は数字が大きいほうが投資に適しています。これに対して，回収期間のみ，タイミングが早いこと

が重視されるので数字が小さいほうが好ましいのです。

　こうしてみてみると，回収期間だけは少し性質が異なる印象があります。このように，自分でも4つの指標を比べることで，それぞれの位置づけをより理解するようにしてみてください。

●どの指標を選ぶかは経営者次第

　以上，4つの指標を解説してきましたが，4つすべてを使ってくださいということでは決してありません。逆に4つ使うと，報告される経営者にとっては多すぎるので，混乱する可能性があります。ですので，4つのうちから自社に合った指標のみを選択していただくのがいいでしょう。

　上記のまとめからわかるとおり，収益性と時間価値の観点だけからいえば，正味現在価値と内部収益率だけを使えば足りるはずです。しかし，実際には，これら2つに加えて回収期間も併用するケースもよく見られます。理論的には，回収期間を加えなくても，時間価値は2つの指標でカバーできているはずです。にもかかわらず，回収期間が取り上げられるのは，報告される側である経営者にとってわかりやすいということと，時間価値の観点だけで見た結果が把握できるためです。

　このことからいえるのは，実務では，今のような理屈だけで2つの指標だけに絞り込むのではなく，経営者の理解度などを考慮したうえで，どれを採用するかを決めるべきということです。

●社風や事業の特徴に合う指標を選ぶ

　また，それ以外の観点として，社風を考慮することも大事です。

　なるべく失敗を避けたい保守的な社風の会社であれば，投資評価でも安全性を大事にします。ということは，なるべく早く回収できるほうがいいと考えるはずですので，時間価値を重視するのがいいでしょう。指標としては，回収期

間や正味現在価値，内部収益率を採用することが多いです。

　一方，成長に積極的なスタートアップのような会社であれば，成長に貢献する収益性を大事にするはずです。そこで，投資利益率，正味現在価値，内部収益率が候補になります。このように，社風が守りか攻めかというのでも，傾向は異なります。

　さらに，この考え方は，事業や業種の安定度にも応用できます。回収期間のところでも触れましたが，比較的変化が激しい業種や事業環境であれば，時間価値が重視されます。一方，安定していて見通しが立ちやすい業種や事業（もっとも，変化の激しい現在において，そのような業種は限られる気もしますが）であれば，収益性を重視することができます。

●会社目標との整合性も重要

　さらに，会社目標との整合性も重要です。

　昨今，企業価値向上を目標に掲げる会社も増えましたが，企業価値と連動するといわれるのが，正味現在価値と内部収益率です。こちらも取り組む会社の多い ROE（Return on Equity，自己資本利益率，当期純利益を自己資本で割って求める効率指標）が目標であれば，投資利益率が親和性が高いとされます。

　このように，会社目標と整合した投資評価の指標を採用し，それに沿った投資案件を実行していくことで，効率的かつ効果的に会社目標の達成を目指すことができます。

●投資評価を新たに導入するなら回収期間がおすすめ

　もし，新たに投資評価に取り組むという場合には，とにかく始めることをまず優先してください。この観点でおすすめなのは，回収期間から取り組むことです。まずは1つの指標だけ採用するようにしてください。

　というのも，まずは投資評価という取組み自体を定着させることが最優先で

す。皆さんが実務として回せるようになり，そして経営者も投資評価の意義が
わかるようになることをまずは目指します。この段階では，「回収期間では，時
間価値は反映しているけれど，収益性が考慮されない」ということは一度目を
つむってください。そのためには，簡単なものとして回収期間がおすすめとい
うことです。

　1つの指標を通じて投資を評価することに慣れたら，次のステップに進みま
す。例えば，会社目標として，企業価値やROEが掲げられているのであれば，
それに関連する指標がいいでしょう。または，自社の社風や事業の特徴に応じ
てということでもいいと思います。ここでも，経営者の反応を慎重に観察した
うえで取り組むのが大事です。

図表 7 -11　4 つの指標の導入手順

段階	取り組み方	例
Step 1	とにかく始める	回収期間
Step 2	会社目標と合ったものを採用する	会社目標がROEなら，ROI 会社目標が企業価値ならNPVかIRR
Step 3	上記を踏まえて，独自の基準を決める （複数基準の併用も一般的）	NPVとIRR

●基準を下回ったら完全に NG なのか

　自社で使う指標を決めて投資評価を運用していると，今度は基準値を下回る
投資案件が生じることがあります。この場合，どうしたらいいのでしょうか。
　あらかじめ定めた基準値を下回る以上，この投資案件は採用しないと判断す
ることもできます。しかし，実際の実務では，何らかの理由，例えばとても大
きな定性的な理由により採用すると判断することもありえます。実は，それは
それでもいいのです。それでは投資評価の意味がないのではと考える方もいる
かもしれませんが，そうとは限りません。
　投資評価の目的は，基本的には投資案件の採否を決めることですが，場合に

よっては投資案件の性質を把握するという場合もあるのです。

　例えば，回収期間を指標として選び，採用の基準値を4年と決めたにもかかわらず，回収期間が5年と計算される案件が出てきたとします。このとき，例えばこれまでとは違う立地に出店することで今後方向性を見定めるテストにしたいという意義があるのであれば，その定性的理由から採用することもできます。

　つまり，基準値自体も自社で決めたことですから，基準値を外れた場合の取扱方法も，自社で決めることができます。もっとも，基準は厳格に適用するという方法でももちろん構いません。

●基準から外れた場合に注意してほしいこと

　もし，基準は原則として位置づけ，個別に判断して例外も可能とすると決めたのであれば，気をつけてほしいことがあります。それは，基準から外れたことへの対処を徹底することです。

　例えば，個人で判断するのではなく，きちんと経営会議や取締役会で最終的にその決断をしてもらうのも大事です。基準から外れたということは，やはりリスクが通常よりは大きいわけですから，しかるべき機関で慎重に検討すべきです。

　また，どのような課題がありうるかをあらかじめ想定し，それに対して対応策も整理しておきましょう。そうすれば，万が一の事態が発生した場合にもすぐに対処できます。

　さらに，定点観測を怠らないようにしましょう。いくら対策を事前に考えていたとしても，異常事態を察知するのが遅れては意味がありません。モニタリングの方法について詳しくは後で解説します。

　大事なことは，リスクが大きいから絶対にやらないということではありません。投資はどれをとってもやはりリスクがつきものなのです。ただ，通常よりは大きなリスクをとる場合には，まずはそれを認識し，適切な対応を準備することが大事といえます。

第 **8** 章

投資評価実務の手順と
経営者への報告

1 投資評価実務の手順

● 投資評価全体を整理して正しい手法を選ぶ

　ここまでいくつもの投資評価手法を紹介してきました。1つひとつを理解するだけではなく，それらがどのような関係や位置づけにあるのかを知っておく必要があります。なぜかといえば，実務では，これらの手法の中から正しいものを選び，当てはめる必要があるからです。それぞれの違いを知っておけば，選ぶ際に必要以上に迷わなくて済みます。

　ここでは，第3章で説明した短期のタイプと，第5章から第7章で説明した長期のタイプ，どちらを当てはめたらいいのかの見極め方にも触れます。この2つのタイプでは，ここまで見てきたとおり，考え方や計算の仕方がまったく異なるので，まずは，どちらなのかを見極める必要があります。実務では，どちらのタイプなのかが明示されるわけでなく，案件の概要から皆さんが判断して決める必要があるのですから，この見極めの仕方が実務においては重要なの

図表 8 - 1　投資評価の手法のまとめ

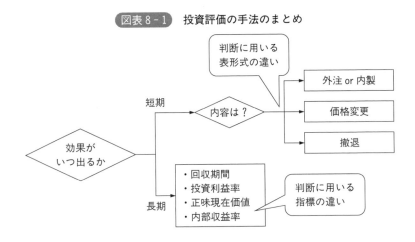

です。

　投資評価では，複数年を考えなくてはいけないかどうかが，まず大きな分かれ道になります。そこで，すでに説明したとおり，「初めに大きな投資があり，その後複数年にわたって効果がある」ものかどうか見てみます。もしそうであれば，第5章から第7章で紹介した時間を考慮する投資評価の手法を使います。逆に，そうでなければ，第3章で紹介した短い時間を対象にした投資評価の手法の対象です。

　短い時間の投資評価の手法として，外注 or 内製，価格変更，撤退の3つの手法を紹介しました。これらは実際に業務でよく見かける意思決定の例をカバーしています。事象の違いによって，投資評価を行う際に用いる表などの形式が異なるのが特徴です。短い時間軸のタイプの投資ということが絞り込めたら，次はこの中のどの手法か，またはどの手法が最も近いかを考えてみてください。

　また，長い期間の投資評価の手法として，4つ紹介しました。回収期間，投資利益率，正味現在価値，内部収益率です。どのような投資だったとしても，長い期間を要するものであれば，基本的にはどれも使うことができます。これら4つは結果を判断するときの指標の違いなのです。すでに説明したとおり，時間価値と収益性のどの要素を大事にしたいのかに合わせて，選ぶといいでしょう。

●投資評価で最も大事な「差分をつかまえる」

　短期の投資評価も，長期の投資評価も，どちらにも共通するのは，差分コストを把握するということです。機会コスト，埋没コストなどの考え方を説明したうえで，いろいろな投資評価を見てきましたが，各所でこの考え方が何度も登場していました。

　すでにお伝えしたとおり，投資評価の実務において最も重要なのは，コストを漏れなく把握できるかどうかです。細かい計算は，極論をいえば必要なとき

に書籍を見て計算式を確認しながら行えばいいのです。ぜひ改めてこのことを理解しておきましょう。

●実務は決して焦って進めない

評価手法が決まったら，では早速と指標の計算に走る方がいます。実は，実務の投資評価としておすすめするのは，いきなり計算しないという方法です。

まずは，必要な情報は何かを考えるなど，全体像をイメージしたり，進め方をシミュレーションしたりします。そうすることで，手戻りがなくなり，重要なことを見落とすミスが減ります。

さらに，チェックを要所要所に織り込むのもおすすめです。本書では，確認の方法をしつこいくらいに紹介してきました。確認をこまめに行うことで，次の工程に行く前にミスを発見し，修正することができます。

このように，全体を俯瞰することと，個別に確認することが大事です。単に計算作業を行うのではなく，この両方の観点をしっかり満たすことで，実務での手戻りやミスを防ぐことができます。

図表 8 - 2　実務を進めるうえでのポイント

・いきなり計算しない
・チェックを要所要所に織り込む

●投資評価を 8 Step で進めよう

具体的には，以下の 8 Step で進めるのがおすすめです。

图表 8 - 3　**実務で投資評価を考える場合の手順（長期の投資評価の場合）**

段階	内容
Step 1	必要な情報をピックアップする
Step 2	必要な情報を集める（ヒアリング，調査）
Step 3	投資による影響を PL にする
Step 4	情報に抜け漏れがないかチェックする
Step 5	各年度のキャッシュフローを計算する
Step 6	グラフ化と確認の計算で，キャッシュフローをチェックする
Step 7	投資評価の 4 つの指標を計算する
Step 8	前提を変えてみる（シミュレーション） ※目的はモデルテストと追加質問対策

　まず Step 1 では，投資評価のために必要な情報を挙げてみます。これには，計算に必要な数値はもちろん，それ以外の考慮すべき定性情報も含まれます。なぜ集める前にわざわざ挙げてみるかといえば，不用意に必要ではない情報を集めることを避けるためです。まずは，骨子を考えてくださいともいいましたが，同じことを意味しています。実務では，この情報も一応もらっておこうとか，こちらのデータのほうがより正確かもしれないなど，いろいろ考え出すと，キリがなくなってしまいます。これでは，経営陣が早く投資評価の結果を知りたいとしても，なかなかすぐには出せません。

　ここでは，本当に使うかどうかや実際に入手できそうかどうかはいったん置いておいても構いません。まずは，広く候補を出してみることが大事です。候補が挙がったら，その後に本当に必要かどうかを考え，必要な情報をどこからどのように入手するかを考えればよいのです。

　Step 2 は，実際に情報を集める段階です。Step 1 で目星をつけた情報を，目星をつけた方法で実際に収集します。データの依頼先は，社内の各部門のこともあれば，外部の場合もあるでしょう。また，頼んで出てくるものもあれば，打合せを通じてようやく得られるものもあるはずです。当然ながら，手数の大きさを考慮しつつも，できる限り正確なデータを入手できるようにします。

　Step 3 では，入手した情報の中で，数値や数値化できる元情報をいよいよ

使って，PL を作ります。短期の投資評価では PL 自体を評価対象としますし，長期の投資評価では，キャッシュフローを計算する元となるのが PL だからです。

その後，Step 4 にて，情報に抜け漏れがないか確認します。特に，コストの漏れにつながるようなミスがないかどうかは，投資判断に大きな影響を与えますので，注意します。

そして，Step 5 では，PL からキャッシュフローを計算します。この計算方法については第 4 章にて丁寧に説明しました。

また，次に進む前に正しいことを確認すべく，Step 6 ではキャッシュフローの計算結果をチェックします。

その後，Step 7 で，キャッシュフローをもとに，投資評価の 4 つの指標をようやく計算します。

可能であれば，Step 8 として，前提となる元数値を変更して計算してみるのもおすすめです。これは，一般にシミュレーションと呼ばれ，詳しくは第 9 章で説明します。シミュレーションには，2 つの効果があります。まずは，モデルテストです。計算に用いた表自体にミスがないかどうかを簡単な数字を入れてみることで確認します。

もう 1 つは，追加質問対策です。投資金額を変えた場合や効果である売上金額を変えた場合の評価結果について，経営陣から質問されることがよくあります。そこで，あらかじめ計算しておくことで，このような質問に備えることができるのです。

●計算の前段階の作業が圧倒的に多い

このように，投資評価の指標の計算は，7 番目にようやく出てきます。実際の投資評価指標の計算に至るまでの工程は長いと感じた方もいるかもしれません。これはすべて，手戻りやミスを防ぐためです。この手順をとると，Step 1 と 2 は時間が多少かかりますが，それ以降は実際の計算や確認ですので，ス

ムーズに進みます。

　各社の投資評価の様子を聞くと，計算を始めてから情報が不足していること
に気づくなど，Step1から8までの工程を行ったり来たりして苦戦している
ことも多いようです。投資評価は大変だから仕方がないと考える向きもあるよ
うですが，段取りの問題といえる部分も多分にあると感じています。

　ぜひ前さばきを大事にして，できるだけスムーズな投資評価の実務を目指す
ようにしてみましょう。

2　実務での期間の考え方と決め方

●期間を変えると結果は大きく変わる

　投資評価の中でも結果に大きな影響を与える項目の1つに，効果期間があります。投資金額や売上金額も影響が大きいものですが，年数はそれ以上にインパクトが大きいといえます。というのも，期間が1年延びることで，ほぼ確実にキャッシュインが増加するためです。これまでに出てきたキャッシュフローのグラフでいえば，棒グラフが後ろに1本付け加わるわけですから，影響は小さくないことが想像できると思います。

　事実として，これらの3つの項目は，投資評価の検討を進める中で評価結果が期待よりも小さい場合に，よく見直すトップ3といえます。したがって，このような事態に備えてこの3つは覚えておくといいと思います。

　投資評価に用いる年数は，現実的に効果が見込める年数を採用することが大事です。事業部門の人が教えてくれた年数だったとしても，その根拠を確認するなど慎重な対応が必要です。

図表8-4　期間設定のポイント

・年数は慎重に決定することが必要
・年数次第で，キャッシュフローの金額は大きく変わるため，影響度が大きい
・現実的に効果が見込める年数を用いる

●税務上の耐用年数を使うのは OK か?

　投資評価の対象となる投資の金額は大きいため，会計上は資産計上されないことがよくあります。減価償却を行う資産の場合に，税法上定められた償却用

の耐用年数を使うのはどうでしょうか。ご存じのとおり，会計の実務では税務上の耐用年数を使って固定資産の減価償却を行っていることが多いものです。

しかしながら，投資評価の世界では，税務や会計上の年数のことは置いておいてください。そのうえで，実際にどれだけの期間使用する見込みなのかに戻って考えることが必要です。投資評価で用いる年数というのは，キャッシュフローのグラフの棒の数につながります。棒が何本立つのかによって，投資の効果は大きく変わりますので，できる限り客観的な見込みを使う必要があるのです。

償却年数が使えないとなると，よく聞かれるのが，「ではどうやって見積もったらいいのか」ということです。まずは，自社内で過去同じまたは似た投資を行ったことがあれば，その実績結果を参考にします。または，すでに述べたとおり，事業部の人に聞いてみるのがいいでしょう。ただし，事業部の人は，投資案件を通したいがために，効果が見込める期間を長めに見積もる傾向があるので，その点は検証することを忘れないでください。

●年数がわからない場合には仮置きで計算する

それでも年数が妥当かどうかわからない場合には，取り急ぎ回収期間を計算するのも手です。事業部側から出てきた年数で投資評価を行ってみます。その結果，回収期間は求めることができますので，その回収期間まではこの投資案は続くことが見込めるのかという観点で考えてみるのです。

似たやり方として，シミュレーションを複数出すというのも一案です。手間はかかりますが，例えば，期間を3年に設定した試算に加えて，2年版，4年版などを作成します。そうすると2年版では採算が取れないということがわかれば，3年以上もこの案件を継続することが可能なのかを事業部門に問いかけることができます。趣旨としては先ほどの回収期間と同じですが，シミュレーションを行うほうが，それぞれの結果数値が明確になるので，実務においてはわかりやすいかもしれません。

図表 8 - 5　年数がはっきり決まらない場合の対処方法

- ・重視する指標として回収期間を採用する（計算には影響しない）
- ・年数自体をシミュレーションの対象として複数案を用意する

　これらの方法は，年数を前提条件とするのではなく，年数自体を評価対象に置き換えているのです。皆さんの中には，投資評価を行うには，前提条件が正確でないと進められないような気がするという方もいると思います。しかし，残念ながら実務において条件がすっきり整理されるということは本当にまれです。ある程度は割り切って，ここで述べたような対応を行い，事業部門や経営者の判断につなげるという姿勢も大事です。骨子から押さえるという話をしましたが，投資評価の実務で最も大事なのは，意思決定が素早く行えるよう業務を止めないことです。

●入手した前提条件の確認方法

　入手した年数についても根拠を確認しようという話をしましたが，これは期間に限った話ではありません。先ほど触れたトップ3の項目を中心に，入手したデータをある程度確認したうえで計算することが，投資評価担当者には求められます。

　「ある程度」というところがミソです。その前提条件を出してくれた担当者ほどには，皆さんはその分野の知識があるわけではありません。そこで，その分野の知識を使うのではなく，皆さんの得意であろう数字の観点から，確認をしてみます。

　まず，前提条件の計算式を分解します。例えば，毎年の売上を1億円と見込んでいるのであれば，客数と客単価に分解してもらいます。次に，その客数や客単価を，自社の過去の数値と比較します。すると，どの程度増減しているのかが確認できるので，そう考える理由を質問します。もう1つは，事後的なもので直接の効果は薄いのですが，実際に投資を行った後で，これらの前提条件

の予定値と実績値を比べます。すると，相違の有無が明白になるので，担当部門や私たち投資評価担当者の今後の学びにつながります。また，このような事後検証を行うことが，長期的には，担当部門への牽制効果をもたらすと期待できます。

図表8-6　前提条件の確認方法

・計算式の分解
・過去実績との比較
・事後検証

3 報告資料の作り方

●経営者には時間がない

投資には多額の資金を必要とすることもあり，経営者が直接投資評価の検討に関わることはよくあります。同時に，会社に与える影響が大きいという特性から，社内で公にせずに一部のメンバーだけで検討が進められることもしばしばです。

そのため，投資評価の実務担当者は，経営陣に報告する場面に立ち会う機会は日常より多いものです。報告する際，または報告資料を作る際には，ぜひこの２つの経営者の特徴を押さえておいてください。

まず，経営者は時間がありません。皆さんもご存じのとおり，経営者というものは会社の規模は関係なく，常に多忙です。大事な投資評価といえども，報告に当てられる時間は限られていることがほとんどです。ですので，どのような情報を載せるのかも大事ですが，それ以上にどの情報を載せないかを判断して，できる限りシンプルな報告を目指します。分厚い経営者報告用資料を見かけることがありますが，すべてを短時間で報告することは難しいはずです。つまり，すべての情報を出すことが最善とは限りません。細かすぎる情報や不必要な情報は，むしろ経営者にとっては「ノイズ」（雑音）なのです。

●経営者と私たちが持つ知識や情報は異なる

もう１つは，情報の非対称性の存在です。投資評価の実務を担当し，多くの場合，会計にも日頃から慣れ親しんだ皆さんに比べて，経営者は会計や投資評価の知識や情報の量が多くないことが一般的です。ここまで学んできたように，投資評価は少し専門性が高い分野でもありますので，相手の知識や経験に応じ

て，説明を工夫することが求められます。

図表 8 - 7　**報告相手としての経営者の特徴**

・時間がない
・情報の非対称性が大きい

　もちろん，例外もあります。例えば，これまで数多くの投資案件の判断をしてきた経営者であれば，これらの理解は容易でしょう。大事なのは，相手の知識や経験に応じて，報告する内容や表現を調整することです。そのためには，まず，経営者自身について理解することが欠かせません。

　経営者が皆さんに報告を受けるのは，投資評価を理解するためではありません。本当の目的は，投資評価について最終判断を行うことにあります。ですので，時間が限られた中で，投資評価について理解することで終わらずに，意思決定に集中できるように報告を活用できるようにすることが，皆さんの役割といえます。

● 経営者向けには結論を明確にしたサマリを用意

　このような経営者の特徴を踏まえ，報告用資料には情報を要約したサマリ版を用意することがおすすめです。

　計算資料とは別に，前提条件と結論を中心に抜粋した要約を作成します。計算資料は情報量が多いため，短時間での報告には適していません。そこで，別途報告用資料を作成します。

　報告用資料は，情報量を少なくするために情報を要約，抜粋します。中でも最も重要なのが結論です。結論については，すぐに確認できる場所に，言葉で書くのがおすすめです。**図表 8 - 8** の例では，一番上の枠で囲った中に書いてあります。これは「エグゼクティブサマリ」（経営陣の要約という意味です）と呼ばれます。このとき，数字だけではなく言葉も足して表現するとわかりや

すさがアップします。なぜなら，その下の数字の表だけをぱっと見たときに経営者が判断できるかといえば，難しいこともあるからです。特に，いい結果なのか悪い結果なのかということがじっくり目を通さなくてもわかるようにすることは，理解ではなく意思決定に集中してもらうために大事なのです。

図表8-8 報告用資料の例

新支店シミュレーションサマリ　　　　　　　　　　　　　　　　20XI/6/7

初期投資2億円・年間売上2億円のベース案では，投資効果が十分とは言えない。
売上の上乗せまたは投資額の削減を検討すべきである。

単位：百万円	前提		利益	キャッシュ・フロー	投資対効果指標			
	年度売上	投資額	年度	年度	回収期間	投資対利益率	正味現在価値	内部利益率
A．ベース案	200	200	14	54	3.70年	7％	5	11％
B．売上アップ案	300	200	53	93	2.16年	26％	151	36％
C．投資アップ案	200	250	7	57	4.39年	3％	－34	5％

その他の前提
売上原価率40％，人件費30百万円（年額），賃借料20百万円（年額），交通費は売上の5％

●前提もすべては書かない

　次は前提を見てみましょう。前提は，図表8-8の中の「前提」の欄と，表の下の「その他の前提」に分けて書かれています。

　表の中に書いてあるのは，特に重要な前提です。年間の売上金額と投資額です。この2つは見覚えがあると思いますが，投資評価の指標に大きな影響を与える3大項目のうちの2つです。これらをどのように見ているかで投資評価の結果は大きく変わりますので，経営者にとっては必ず確認したい項目といえます。

　下にコメントしてある前提は，投資評価の結果に対して影響を与える項目です。例えば，売上原価率，人件費や賃借料，交通費など比較的金額の大きな費用などが該当します。なぜこれをここに書いてあるかというと，結果に影響することに加えて，この見立てが妥当なのかを念のため確認できるようにという

意図によります。裏を返すと，ここに書いていない場合に「どうなっているのか？」とよく聞かれるような項目なのです。

　もちろん，これらも改善することは可能ですが，このような試算を行う際には，一度改善効果は取り込みません。例えば，売上原価は38％まで改善の余地があるのであれば，それはこの投資評価に限ったことではないはずですので，別のプロジェクトとして取り組むべきことといえます。つまり，売上原価の改善はこの投資評価からは切り離して扱うべきなのです。ですので，あくまでもここに書く前提としては，現時点の水準を前提とした数値にします。

　一方，報告用資料でまったく触れられていない前提があります。それは，実効税率や償却方法などです。経理の方にとっては重要な気がするかもしれませんが，経営者が聞くことはほとんどありません。ある意味，これらの数字は経営者にとっては所与，つまり変えられないものというイメージだと思います。もちろん，その分私たちが数字が正しいことを確認する必要がありますが，報告用資料に載せる必要性は低いといえます。

　まとめると，事業上の情報を中心に前提条件として明記することで，経営者にとっては価値が高いサマリになります。

●英語や略語を使いすぎない

　計算資料と報告資料を比べると，大きな違いがあります。それは，報告用資料では英語の略称をほとんど使っていないということです。計算資料では，PL，CF，ROIなどとアルファベット2文字や3文字で書いてありました。これに対して，報告用資料では，利益，キャッシュフロー，投資対効果などと日本語で表現されています。

　なぜかというと，多くの経営者にとっては，英語略称でいわれると内容がすぐには理解できないことがあるからです。これも，経営者の方の知識に合わせて表示の仕方を選んでいただくのがいいでしょう。計算資料上では，場所をとらないので略称を使うのがおすすめですが，報告用資料ではカスタマイズする

ことがいいと思います。

●それ以外は通常の報告資料と同じ

　それ以外にも，色分けで工夫するのもいいでしょう。例えば，前提と投資対効果のコーナーで異なる色を使えば，それぞれの位置づけが容易にわかります。また，特に注目してほしいところに「ハイライト」と呼ばれる枠で数字を囲むのも，視点を誘導できるので，説明がしやすくなります。

　また，資料のタイトル，金額単位などは忘れがちですので，注意しましょう。投資対効果の資料では，すでにお話したとおり何度も数字を計算し直すことが多いので，報告日付を入れておくといつの版かわかっていいと思います。

4　経営者への報告のポイント

●報告説明でも経営者の意思決定できる環境を整える

　報告資料の作り方でも説明したとおり，投資評価の報告資料作りの本当の目的は，評価結果を理解してもらうことではなく，その先にある意思決定にスムーズにつなげることです。ですので，経営者には，余計なことに気をつかわずに集中していただけるような環境を用意することが求められます。

　そのための方法が，経営者に合わせた報告資料を用意することだと話しました。計算資料は手持ち資料として持参するか，またはパソコンを持ち込んですぐにデータとして確認できるように準備しておくといいでしょう。パソコンを持参したうえで2人体制で報告に臨むことができれば，もしその場で想定外の前提条件での結果を尋ねられたとしても，1人は説明を続けながら，もう1人がその場で試算することができます。

●投資評価の考え方を翻訳する

　本書ではここまで，難しいといわれる投資評価をわかりやすく説明することにこだわってきました。投資評価の知識をお持ちの方には少しまどろこしかったかもしれません。しかし，その理由は，投資評価の実務を担当される方は，経営者の方に投資評価の考え方や用語自体を説明しなくてはいけない機会がとても多いからです。

　月次での決算報告に出てくるようなPLの説明であれば，経営者の大多数はいまさらその見方を質問することはありません。しかし，投資評価は機会がそれほど多くないために，投資評価の見方から説明しなくてはいけない場合もあるのです。私の経験でいうと，投資評価に慣れたよく知る経営者とそうでない

経営者に二極化している印象があります。もし自社の経営者が後者だった場合には，皆さん自身が理解し，計算ができるだけでは不十分であり，わかりやすく説明ができる必要があるのです。つまり，投資評価についてわかりやすく「翻訳」することすら皆さんの役割に含まれるのです。

●経営者には時間を使わせない

投資評価についてわかりやすく翻訳が必要ということからもわかるように，多忙な経営者に対して必要以上に時間を使わせないという姿勢が，私たち実務担当者が報告する場面では必須です。

相手が知りたい事柄から優先して説明するようにしましょう。また，報告資料作りでもお伝えしたとおり，経営者の知識や情報のレベルに応じた内容にすることも重要です。また，これは報告の段階での話ではありませんが，依頼されたことにはすぐに答えるようにしましょう。例えば，先ほど紹介したパソコンを持ち込むというやり方は，経営者が知りたいことをスムーズに答えるのにもとても有効です。もしすぐには回答できない場合には，なるべく早めに回答できるようにしましょう。そのためにも，第9章で説明する仕組み作りは役に立ちます。

図表 8 - 9　経営者への報告のポイント 1

> ・相手の知りたいことを最優先（自分が知っていることではなく）
> ・相手のレベルに合わせる
> ・依頼にはすぐに応える

●頭を余分なことに使わせない

経営者報告には，もう1つ大事な「使わせない」があります。それは，経営者の頭を余分なことに使わせないことです。

　これは，すでに報告資料作りのところでお伝えしたような内容を踏まえて報告用資料を作っていただければ，基本的に問題ないと思います。例えば，エグゼクティブサマリを用意したり，必要な情報だけを選択して書いたりすることで，不必要な情報に対して頭を使うことを防げます。

　エグゼクティブサマリでは，結論がいいのか悪いのかわかりやすく言葉で表現することが大事だといいました。もし改善が必要な場合には，改善方法についても触れられるとよりよいでしょう。

　報告用資料をもとに報告する場合には，極力専門用語を使わないようにしましょう。例えば，アルファベット 3 文字を使わないで日本語で報告資料を作成したのであれば，口頭での説明でも用語は日本語で表現するようにしましょう。これは強く意識しないと，思わず口からアルファベット 3 文字が出てしまうので，実務に精通した担当者には逆に難しいのです。

図表 8 -10　経営者への報告のポイント 2

・明確な結論を持つ
・数字だけでなく言葉も使って表現する
・アクションもセットで提案する
・専門用語は使わない

5 実行した投資の事後検証の仕方

●投資評価と事後検証は必ずセットで行う

投資の実行前に行う投資評価についてお話してきました。ここでは，初めて投資後の話をしたいと思います。

多額の資金をかけるので，投資評価を慎重に行うわけですから，実際に投資した後に期待したとおり進んでいるかどうかは，会社の経営に大きな影響を与えます。しかし，実際には，そのような観点で進捗管理を行う会社はごくわずかのようです。

日本の会社は，投資前の稟議の段階では議論を尽くしますが，その後はあまり見向きもしないという印象があります。投資評価の実務で先行している海外の会社では，投資評価を行った案件については，事後報告も義務づけることが一般的です。これは，日本の大学は入学は難しいが卒業は簡単と，海外と比較してよくいわれることに似ていると感じます。

●事後検証の目的は責めるためではない

海外の会社が事後報告を大事にするのは，投資評価が正しかったかを検証し，責任の所在を明らかにするという単純な理由ではありません。当初見込みとの相違箇所を確認することで，改善の取組みにつなげることができるからです。また，なぜ見込みと違ったのか原因を明らかにすることで，今後の投資評価に活かします。つまり，投資評価のPDCAを回すのです。

日本では，誰の責任かが明らかになるので，そんなメンツを潰すようなことはできないという政治的な理由があるのかもしれません。失敗すれば，確かにそうかもしれません。しかし，投資の振り返りをしない限り，放っておけば失

敗確率は上がるわけですから，そうならないためにも事後検証は重要といえます。

　一番いいのは，投資評価を行う段階で，この結果については実行後定期的に進捗を確認するということまでもあらかじめ決定しておくことです。投資の意思決定は，最終的には取締役会や経営会議で行われることが多いので，その議案の中にその旨を含めておくのです。事前に合意しておくことが重要です。

●事後検証結果を定期的に報告する

　定期的に報告するという場合，どのように行うのがいいのでしょうか。前述の取締役会や経営会議で報告するのが最適です。案件の内容次第ですが，立ち上がり当初，3 か月経過後，半年経過後，1 年後などの頻度が考えられます。もし進捗が芳しくない場合には，頻度を高めるなどの柔軟な対応も求められるでしょう。

　すでに説明したとおり，従来の基準を超えて承認した場合には，リスクが高いことを気にしている役員も多いはずですので，必ず報告します。このような場合には，リスクの顕在化を防ぐために，このような定点観測を条件につけることも多いはずです。

　立ち上がりの段階では，投資額について，当初の予定と実績を比較します。それ以降の報告は，投資評価の段階で作成した PL と実績の PL の比較形式がいいでしょう。投資評価の計算に出てきたキャッシュフローや投資評価の指標まで定期的に計算する必要性は低いと思います。また，PL 形式であれば，普段から見慣れていますので，経営者にとっても相違箇所について理解がしやすいはずです。つまり，投資額が大幅な相違がない限りにおいては，PL から利益が予定どおり出ていることが確認できれば，投資の効果としても見込みどおりおおむね期待できると考えられます。

●実務担当者レベルでは改善が必要ならすぐに動く

　ここまで述べたのは，あくまでも経営者向けの報告についての話です。実際に投資が実行されたら，投資評価の担当者は，こまめに実績と比較することを強くおすすめします。投資評価の際に見込んだ数字との乖離が発生した場合には，早めに動いたほうがいいからです。会議体への報告を待たずに，事業側の担当者と連携しながら，何が相違しているのか，どのように改善できるのかを協議しましょう。そのうえで，改善策を実施した後に効果が出ているのかも確認し，すぐにフィードバックします。

　事後評価といっても，ただ座って結果を待つのではありません。必要に応じて動くことで，本来期待した結果になるように導くこと，ここまで含めて投資評価の実務担当者の仕事といえます。

●事後検証のコツは会計とつないでおくこと

　このように，投資実行後の事後検証を容易にするには，あらかじめ仕組みに工夫が必要です。何のための工夫かといえば，苦労せずに投資案件に関する実績数字を集めるための工夫です。特に，投資評価に用いた PL と比較するためには，実績についても投資案件に限定した PL が作れる必要があるわけです。

　しかし，実際には，その準備がなされていないことが大半です。現に，投資評価の事後評価をしたくても，数値がとれないと困っている会社が多くあります。投資を行うと決めた段階できちんとそのための準備をしていないからなのです。投資評価の段階で事後評価のことを想像して，仕組み化することを強くおすすめします。そうすることで，膨大な会計仕訳の中から，投資案件に関するものを手作業で拾って集計するような途方に暮れる仕事はなくなります。

●案件の数値が容易にとれるようコード設定を仕込む

　投資案件について直接会計情報を集めるためには，いくつか方法があります。いずれも，実績数値を管理する会計システムの中で，何らかのコードをつけるといいでしょう。もし投資案件が新規事業や新規拠点ということであれば，事業部門コードを新たに設定しましょう。そうすれば，投資案件に関する会計数値を部門別 PL の中で確認できます。

　もう少し小粒の投資案件，例えばプロジェクトなどであれば，プロジェクトコードなどをつけるのもいいでしょう。名称は異なりますが，多くの会計システムには，事業部門や補助科目とは異なる任意のコードが用意されています。それを使うのです。ただし，任意の場合には，どうしてもつけ忘れが生じやすいので，注意しましょう。また，特定の勘定科目で大きな費用が継続して発生するような投資案件であれば，専用の補助科目コードを発番するのがおすすめです。この補助科目を含む勘定科目の残高自体の動きも説明しやすくなるメリットもあります。

　これらの対応が何らかの理由で難しい場合には，伝票を切るときの摘要欄に案件名やプロジェクト略称などを入れるという方法もあります。検索すれば一気に明細を拾うことができますが，この方法もやはり記入忘れには効果がないので，注意が必要です。

●勘定科目の設定もあらかじめ経理に確認する

　事後検証するためのもう 1 つの注意点は，投資案件に関連して発生する費用について，計上する勘定科目を経理に確認しておくことです。これを怠ると，PL の比較がしづらくなります。よく月次決算の PL 比較でも，予算と実績で勘定科目が異なるために生じている差異が見受けられます。このような情報は，経営者にとってはノイズでしかありません。また，実務を担う皆さんにとっても手間の原因になります。例えば，外部委託費に入れるか，保守費，調査費に

入れるかは，会社によって大きく使い方が異なるものです。そこで，自社の経理の運用実態に合わせた勘定科目を把握しましょう。

　できれば投資評価の段階で，それが難しいなら，投資を実行する段階で，経理に具体的な勘定科目を確認しておきます。そして，その勘定科目を使って，PL を作っておきます。そうすれば，実績 PL と勘定科目が整合しますので，比較が容易になるのです。

図表 8 -11　　勘定科目のポイント

・新規費用は，経理に計上科目を確認する
・そのために，内容を説明，協議する
　　　例　外部委託費⇔保守費，調査費

第 9 章

投資評価の
仕組みとスキル

1 仕組み化の効果と投資評価に必要なスキル

●仕組みでスピードが上がる

投資案件の評価は，何度も前提数値が変わるために，それに対応できる仕組みが必要という話はすでにしました。業種によっては，投資案件自体が突然発生するという場合もあります。例えば，私が以前働いていた会社は多店舗展開業でしたので，出店候補地が突然上がってきて1日で検討しなくてはいけないということがありました。このような場合に備えて，あらかじめ投資評価を計算するモデルを持っておけば，すぐに評価の計算を行うことができます。

さらに，会社によっては，このような投資評価の計算を，経理や経営企画の部門ではなく，その投資案件を所管する事業部門が行う場合があります。その場合には，経理で作ったモデルを渡すにしても，わかりやすい形式であれば業務がスムーズです。また，会社として投資を検討する価値があるかどうかを簡略的に知るために，まずは事業部門で試算したいというケースも考えられます。この場合にも，事業部門のほうがモデルを動かすことが多いです。

つまり，計算モデルを中心とした投資評価の仕組みを作ることで，スピードアップを達成するだけではなく，属人化も避けることができるのです。

●投資評価にはさまざまなスキルが求められる

投資評価担当者にはどのようなスキルが必要なのでしょうか。大きく3つのスキルが必要だと考えています。

まず，投資評価に関する知識です。ここまで説明したような投資評価の考え方や計算の仕方がその代表例です。これは本書など，主に座学で身につけられます。

　次に，会社の数字に関する知識も不可欠といえます。投資評価は差分をつかまえることが大事だと何度もいいましたが，そのためには現状の数字について理解がなければいけません。そのため，経理や予算管理の経験がある方は，この点でとても有利なのです。

　さらに，極めて実務的なのですが，エクセルスキルも重要です。投資評価の計算モデルの重要性はすでにおわかりいただけたかと思います。これを実現するには，エクセルを使いこなせる力が必要です。エクセルで資料を設計し，関数を組むスキルが十分に身についていなければ，素早くかつ正しい投資評価は実現しないのです。

　ぜひ，今の自分にあるスキルはどれで，もう少し身につけたほうがいいのはどれなのかを把握し，少しずつ取り組んでみてください。

2 実務に必須のシミュレーションの考え方

●実務では変化する前提に対応できなくてはいけない

先ほど，実務では投資効果が期待できる年数はなかなかすっきり決まること
がない，といいましたが，実は年数に限ったことではありません。売上額や投
資額はもちろん，かかる費用についてもなかなか情報が集まってこないという
こともよくあります。投資するのはこれから将来に向けてですので，今の段階
で見通せないことがあるというのは，その性質上やむを得ないことともいえま
す。

しかし，そういっていたら，いつまでも投資評価が行えないわけですから，
投資案件が実行できません。ですので，そういいながらも，皆さんは何とかし
て投資評価を行う方法を見出さなくてはいけません。

そこで，投資評価の実務においては，割り切ったうえで考慮すべきことが2
つあります。まず，前提はすっきり1つにはならないということ。例えば，売
上金額などについては，幅をもって提示されることがあります。そうであれば，
上限と下限両方を使って試算すればいいのです。つまり，複数シナリオのシ
ミュレーションで対応します。

もう1つは，前提数字は変わり続けるということです。一度出された数字が
変更になることも実務ではよくあることです。「本部長に見せたら高すぎとい
われたので，少し下げます」ということもあれば，「もらった数字で出した投
資評価の指標結果がよくないので見直した」など，理由はさまざまです。

最初にもらった数字で最後まで投資評価を行ったことは，私の経験ではない
ほどです。このように，前提は変わり続けることをあらかじめ織り込んでおい
たほうがいいでしょう。前提条件を変えやすいモデルを作ることで対応が可能
になります。

図表9-1　投資評価実務で考慮すべきこと

・前提はすっきり1つにはならない
・前提は変わり続ける

●実務ではシミュレーションが頻発する

　シミュレーションとは，前提数値を変更することで，結果への影響を調べる取組みのことをいいます。

　実務では，前提条件が不確かな場合には，シミュレーションがよく行われます。複数の前提条件を用意して，投資評価の指標を計算します。例えば，最も可能性が高い前提条件に加えて，上振れした場合と下振れした場合それぞれの前提条件を用意します。

図表9-2　シミュレーションのシナリオの呼び方例

意味合い	日本語
上手くいった場合	上振れ
発生可能性が高い	中立
失敗した場合	下振れ

　この過程を通じて出てきた結果を見ながら，「この投資案件を採択するには，もう少し売上を上げる必要がある」などの情報を得ます。そして，新たに，売上を増やす方法を検討しつつ，売上の予想数値を更新するという流れをたどります。このようにして，前提条件と計算結果ともに問題がない数値に持ち込むために，何度も計算を繰り返すのです。

●重要な前提については変化による影響をまとめた別資料も

　例えば，売上のように投資評価の結果に大きな影響を与える前提条件については，あらかじめ細かく前提数値を変更したうえで，指標にどれだけ影響する

かをまとめた資料を作る場合があります。

　これは，センシティビティ資料と呼ばれます。センシティビティとは，英語でSensitivityと書き，感度のことです。

図表9-3　センシティビティ資料の例

	PL（単年度）		CF（単年度）	投資指標			
	売上 百万円	利益 百万円	百万円	回収期間 年	投資対利益率 %	正味現在価値 百万円	内部利益率 %
上振れシナリオ	300	53	93	2.16	26.3%	151	36%
	280	45	85	2.36	22.4%	121	32%
	260	37	77	2.59	18.6%	92	27%
	240	29	69	2.88	14.7%	63	22%
	220	22	62	3.24	10.9%	34	16%
中立シナリオ	200	14	54	3.70	7.0%	5	11%
	180	6	46	4.32	3.2%	−24	5%
	160	−1	39	−	−0.7%	−54	−1%
	140	−9	31	−	−4.6%	−83	−8%
	120	−17	23	−	−8.4%	−112	−16%
下振れシナリオ	100	−25	16	−	−12.3%	−141	−25%

※グレー塗りつぶしは，望ましくない結果を示す。

　売上の金額がなかなか決まらないという場合には，このような資料を経営陣に提出します。投資案件の採用に必要な指標から，必要な売上はいくらという情報を逆算することで売上金額を決めるのです。

3 投資評価の計算モデルの作り方

●投資評価モデルはエクセルで作ろう

シミュレーションをはじめ，投資評価では前提を容易に変えることが必須です。そこで，投資評価の仕組みには以下の2つの要件が求められます。

図表 9 - 4 投資評価の仕組みに求められること

・複数の前提に対して容易に対応できる
・迅速に前提を変更できる

複数の前提や前提の変更に対応するには，仕組みに柔軟さが必要です。そこで，エクセルを使ったモデルを作ることをおすすめします。前提条件を明確に区分して，計算を間違えにくい計算モデルを組むことで対応します。

●エクセルの投資評価モデルは前提条件をシンプルかつ１か所に

エクセルでモデルを作る場合には，いくつかポイントがあります。

図表 9 - 5 モデル構築のポイント

・前提条件の数字をシンプルにする
・前提条件の入力欄を１か所にまとめる
・変動費・固定費が自動計算できる
・確認用のキャッシュフローグラフが自動で作成される
・計算結果が確認しやすい

まずは，前提条件を整理します。つまり，PL の数字につながる条件を整理

して，それをシンプルにまとめます。具体的には，売上額や投資額はすでに述べたとおり最も変更が想定される前提条件です。その中でも，もし売上の数字を，営業パーソンの人数×1人当たりの売上高で考えるような業態であれば，前提条件の入力欄は，売上金額として持つよりも，営業パーソン人数と1人当たりの売上に分けたかたちで持つほうが望ましいといえます。なぜなら，それぞれに見直しの可能性があり，また経営者への報告の際にもそれぞれの数字の前提を聞かれる可能性が高いためです。

　また，これらの前提条件の入力欄はエクセルシート内で1か所にまとめておきましょう。特定の列や行にまとめておけば，変更時にもどこを変えたらいいのかがわかりやすいものです。

●前提条件の変更と投資評価の指標まで連動させる

　前提条件が変更された場合，当然ながら投資評価の指標数値も変わる必要があります。例えば，売上金額が変更になった場合，変動費も比例して変わるようにして計算式を組んでおく必要があります。一方で，固定費は金額が変わらないようにします。こうするためには，前提条件として，変動費の場合には売上高構成比の％を入力し，固定費の場合には金額を入力するように欄を作っておくといいでしょう。そうすることで，PLの費用が自動的に更新されます。

　PLの費用が自動で更新できるように組めば，そこからキャッシュフロー，さらには投資評価の指標を計算する式はそれほど難しくありません。

●グラフがあると確認しやすい

　前提条件の欄もまとめておくといいとお伝えしましたが，アウトプットである投資評価の指標の欄もまとめておくといいでしょう。作業者以外の方がモデルを見たときにわかりやすいはずです。

　また，自分で計算結果をチェックするために，キャッシュフローのグラフと

比べる確認方法をすでに説明しましたが，これを実行するためには，グラフも自動で作成されるようにしておきましょう。

図表 9-6　投資評価の計算資料

・他の担当者でも更新できるようにする
・色分けする（例：入力欄セルは緑色，チェックや出力セルは桃色）
・会社によっては，事業部門の担当者に渡して入力してもらうことも

　エクセルで作るモデルは，変更時に手修正をせずに自動で数値が更新されるようにします。手修正が必要なモデルだと，必ずといっていいほどミスが生じます。実際に数値が変わったときに手修正が必要なことを忘れたり，手修正のやり方を間違えるからです。

図表 9-7　計算モデル例

前提				0年目	1年目	2年目	3年目	4年目	5年目	合計
固定		変動								
200	年金額		売上		200	200	200	200	200	1,000
		40% 対売上	売上原価		80	80	80	80	80	400
			売上総利益		120	120	120	120	120	600
30	年金額		人件費		30	30	30	30	30	150
20	年金額		賃借料		20	20	20	20	20	100
		5% 対売上	PL 交通費		10	10	10	10	10	50
5	償却年数		減価償却費		40	40	40	40	40	200
			税引前営業利益		20	20	20	20	20	100
		30% 対利益	法人税等		6	6	6	6	6	30
			税引後営業利益		14	14	14	14	14	70
200	初期投資		投資／減価償却費	−200	40	40	40	40	40	0
			キャッシュフロー	−200	54	54	54	54	54	70
			CF 累計キャッシュフロー	−200	−146	−92	−38	16	70	
		10% 割引率	割引キャッシュフロー	−200	49	45	41	37	34	5
			累計割引キャッシュフロー	−200	−151	−106	−66	−29	5	
			回収期間				3.00	0.70		3.70
			指標 投資利益率（ROI）							7.0%
			正味現在価値（NPV）							5
			内部収益率（IRR）							11%

4 キャッシュフローまとめの作成

●キャッシュフローまとめを作って全体を確認する

　先ほど説明した計算モデルの中で，まだ一部説明していないところがありました。それは，累計キャッシュフロー，割引キャッシュフロー，累計割引キャッシュフローという3つの行です。

　これは，各年度のキャッシュフローの行と，4つの投資評価の指標の行のあいだに位置します。投資評価の指標の計算結果を確認するのにとても役に立つので，ぜひモデルに組み込むといいでしょう。

図表 9-8 キャッシュフローまとめの部分

		0年目	1年目	2年目	3年目	4年目	5年目	合計
CF	キャッシュフロー	-100	41	41	41	41	41	105
	累計キャッシュフロー	-100	-59	-18	23	64	105	
	割引キャッシュフロー	-100	37	34	31	28	25	55
	累計割引キャッシュフロー	-100	-63	-29	2	30	55	

　まず，累計キャッシュフローの行には，0年目から該当年度までの累計を入れます。例えば1年目であれば，0年目の-100と1年目41を足した-59になります。

　その下の割引キャッシュフロー欄には，正味現在価値のところで学んだ割引計算後の単年のキャッシュフローを入れます。例えば，1年目は，41÷1.1＝約37となります。

　続いて，累計割引キャッシュフローの行には，今計算した割引キャッシュフローをもとに，0年目から該当年度までの累計額を入れます。つまり，1年目であれば，-100+37＝約-63になります。累計割引キャッシュフローを最終年度の5年目まで足したものは何になるかといえば，まさに正味現在価値その

ものです。これは，割引キャッシュフローの合計値とも一致します。

このように計算した金額と，エクセル関数で計算した正味現在価値を照合すると，確認になります。

また，回収期間もこの表を使って計算することもできます。累計キャッシュフローのところを見てください。累計キャッシュフローがマイナスからプラスになるところに注目します。回収期間というのは累計キャッシュフローがゼロになるタイミングのことです。2 年目はまだマイナスですが，3 年目がプラスということは，そのあいだでトントンになっているはずです。このようなことを，まずこの表を見るだけで特定することができます。そして，端数の部分についても，この表のこの数字を使って計算することができます。

続いて，投資利益率についても，累計キャッシュフロー÷5 年÷投資額という計算で求めることができます。

ただし，内部収益率については，残念ながら手計算で確認するのは難しいと思います。しかし，ざっくり確認することができることがあります。正味現在価値がプラスになっているということは，内部収益率は割引率以上になっているはずです。先ほど正味現在価値を計算するときに，10％を仮に使いました。それに対して 55 というプラスの値になっているということは，この投資案件は，10％超の利回りがあるはずと推測できます。ただ，それが 10％以上の何％かというのは厳密にはわかりませんが，少なくとも 10％以上の数値になるはずであるのは，算数的に確認ができます。

図表 9 - 9　キャッシュフローまとめと指標の対応関係

CF							
キャッシュフロー	−200	54	54	54	54	54	70
累計キャッシュフロー	−200	−146	−92	−38	16	70	
割引キャッシュフロー	−200	49	45	41	37	34	5
累計割引キャッシュフロー	−200	−151	−106	−66	−29	5	

正味現在価値

5 | 実践力向上につながる投資評価事例の活用法

　ここまでで，投資評価の実務にかかわる一通りの手法や情報を説明してきました。皆さんの目標は，それぞれの会社の実務の中で実際に投資評価を行い，成功させることだと思います。

　そこで，実際に使う場面に備えて，投資評価のスキルをより実践的に習得する方法をいくつかご紹介します。

●実際の社内投資事例に当てはめて考える

　すでにご説明したとおり，投資案件はプロジェクトという捉え方を社内ではされているはずです。

　そこで，自分に身近なプロジェクトについて，自分が投資評価の担当者となった場合を想定してみましょう。そのうえで，第8章 1 で紹介した手順の内容や進め方を考えてみるのです。

　ご自身の習得度合いや当てられる時間に応じて，範囲や精度は調整してかまいません。また，プロジェクト自体の進み具合もさまざまだと思いますので，まだ計画段階のものであれば，ゼロから考えてみるといいと思います。情報の入手方法や精度に苦労することが実務では非常に多いので，どのような情報が必要で，その情報はどの部門の誰から入手できそうなのかを検討します。また，今回説明した手法の中から，どれを選択したらいいかも決めます。

　投資評価を行うことに少し慣れてきたら，自分がよく知らないプロジェクトについて同様の取組みをしてみるのも効果が高いでしょう。当然，実際の業務においても，自分にとってなじみのないプロジェクトの投資評価を行うこともあるからです。ご自身の日常業務の担当分野から遠い内容や経験が少ないものがこれに当たるでしょう。

例えば，私は人事や店舗出店の分野は比較的経験が多かったのですが，マーケティングや原価管理の知識が少なかったので，これらの分野については日常業務を通じて時間があるときに基礎知識を得ることを心掛けていました。投資評価はあるとき突然担当させられることもあるため，日ごろの準備が肝心です。そうでないと，経験を積む，または成果をアピールするせっかくの機会を逃してしまうことにもなりかねないからです。投資評価の手法に加えて，事業や業務に関する基礎的な知識や社内での情報収集法などもあらかじめ身につけておきましょう。

●実際の投資評価の資料を見せてもらう

先ほどのように，自分で既存のプロジェクトの投資評価をやってみたら，ぜひ実際に行われた投資評価と比べてみましょう。

自分が選んだ手法と同じだったのか，自社はどのような投資評価指標を使っているのかなど確認します。また，どのように資料は構成されているのかに注目するのもいいでしょう。実際に投資評価にかかわることになった際に効果を発揮します。なぜなら，投資評価は，対象の案件が変わっても，同じフォーマットで行われることが多いからです。すでに説明したとおり，投資評価は経営者が深くかかわる重要案件であり，そのために統一した形式のほうが経営者の理解が容易だからでしょう。そこで，計算モデルの構成や，報告資料の形態やそこに含まれる情報などを確認しておくことで，いざというときにスムーズに対応できます。

●日常業務とのつながりを確認する

投資評価の流れと形式を理解できたら，最後に日常業務との関連性を確認しておきましょう。投資評価と日常業務のつながりとして重要なのは，やはり事後評価です。事後評価の大切さはすでに述べたとおりです。

　ご自身が月次決算作業や経営者への月次決算報告にかかわっているのであれば，その中で投資案件の事後評価がどのように報告されているのかを把握します。具体的には，事後評価の方法やタイミング，頻度，具体的な資料の体裁などを確認するといいでしょう。

　また，極めて実務的な話ですが，誰がこの事後評価を行っているのかも知っておくといいと思います。というのも，会社によっては，誰が事後評価を行うのかが明確に決まっておらず，誰もやらなかった結果，投資の結果がうやむやになってしまうという「人災」も多いからです。

　会社により業務分担の考え方は多様ではありますが，事後評価を正しく効率的に行うには，やはり投資計画時点の情報をよく理解している投資評価の担当者が最適ではないかと考えます。

巻末付録

事例演習

1 事例演習① 営業車を活用した働き方改革

　ここからは実務を想定していよいよ実際に手を動かして一通りの計算をしてみましょう。

　以下【問題1】・【問題2】を考えてみてください。

【問題1】

　営業部門の「働き方改革」として，営業方法の見直しが始まりました。営業車を導入することで，効率的に客先に回るという案が出ています。あなたはこの投資評価の4指標を計算するように頼まれました。

　営業部門の部長：「売上は，営業車を使っている限り，今の年間100から150に上がると思うよ」

　総務部門の車両担当者：「車両の購入額は100，保守費が毎年10かかるけど，5年使えるはず」

　経理の交通費担当者：「今かかっているタクシー代が年間10減ると思うわ」

　経理の固定資産担当者：「減価償却は定額法，耐用年数で償却，残価ゼロです」

　自分がすでに知っている情報：実効税率30%，割引率10%

　なお，売上が増えても売上原価を含め費用の金額は変わらないと仮定し，不足する情報があれば各自で前提を置いてください。

【解答1】

回収期間	2.44年
投資利益率（ROI）	21%
正味現在価値（NPV）	55
内部収益率（IRR）	30%

【解説1】

●前提の数字を整理する

まず初めにやることは，前提条件を整理することです。これにより，全体を把握すると同時に，前提条件の抜け漏れがないかも確認できます。

例えば，次のような表を作ってみるといいでしょう。

図表付-1　前提条件の比較まとめ

		投資前	投資後	差額
前提	売上（単年度）	100	150	50
	交通費（単年度）	10	0	−10
	減価償却費（単年度）	0	20	20
	保守費（単年度）	0	10	10
	設備投資額	0	100	100
	実効税率	30%	30%	−
	割引率	10%	10%	−

今回は営業車を導入することで，投資前と比較して投資後の営業効率がよくなることが見込めます。つまり，投資前と投資後を比べた差額こそが投資効果と考えられます。

製造規模を拡大させるために設備を追加したり，設備が老朽化したので取り換えるという場合には，このように差額を把握し，それを投資効果と捉える方法が採用されます。なぜなら，既存の設備や業績を踏まえる必要があるからです。これらは一般に「追加投資」や「取換投資」と呼ばれます。

もちろん，問題文の情報だけで全体を理解できる方は，一気にPLから作っても構いません。投資評価の実務に慣れた方には可能だと思います。しかし，少し不安がある方は，このような表をご自身のために作るのがおすすめです。この情報をもとにしてPLを作成すると効率的です。「急がば回れ」です。

作成したら，この表から全体像を読み取りましょう。例えば，

・売上が50上がる

・そのためには，営業車の購入により減価償却費が20発生
・それ以外に，交通費が10減る代わりに保守費が同額の10発生するので，相殺されて影響しない

といったことがわかればいいと思います。

●PL とキャッシュフローを作る

前提のまとめをもとに，今度は PL，そしてキャッシュフローを作成します。この流れと計算方法自体は，すでに説明したとおりです。

図表付-2　PL とキャッシュフロー

		投資前	投資後	差額
PL	売上	100	150	50
	売上原価	50	50	0
	売上総利益	50	100	50
	人件費	10	10	0
	交通費	10	0	−10
	減価償却費	0	20	20
	保守費	0	10	10
	税引前営業利益	30	60	30
	法人税等	9	18	9
	税引後営業利益	21	42	21
CF	減価償却費	0	20	20
	キャッシュフロー	21	62	**41**

PL をよく見ると，前提には出てこなかった勘定科目が含まれています。実務においては，実際に影響がある勘定科目だけではなく，PL 上のすべての勘定科目を並べるかたちがとられることもあります。その理由は2つ考えられます。

まず，動きがないと想定していることを確認できるようにするためです。作成者以外が見たときに，それぞれの勘定科目に対してどのように想定している

のかが明確になります。もう1つは，投資評価を行う都度フォーマットを変更しなくてもいいようにするためです。計算モデルの作り方の話もすでにしましたが，なるべく都度の更新を減らすこともミス防止と効率化につながります。

では，影響がない勘定科目も載せておく場合にその数字はどうしたらいいでしょうか。ここでは，売上原価と人件費がそれに当たります。前提条件によれば「費用の金額は変わらない」ので，差額がゼロと想定されます。

そうであれば，投資前のそれぞれの金額を，投資前のPLからとってきて，この表の投資前と投資後の欄に入れておけばいいでしょう。

ただし，差額には影響しないことを理解しておいてください。つまり，売上原価と人件費はこの投資にとって「埋没コスト」なので，考慮する必要がないのです。

なお，売上が増えても売上原価が増えないというのは違和感がある方がいるかもしれません。ソフトウェア開発など一度作ったらそれを使い回せるような，無形のサービスを売るビジネスの場合には十分あり得ます。逆に，製造業など有形のモノを扱ったり，飲食業など人がかかわるビジネスの場合にはそうはいきません。

PLができたら，それをもとにキャッシュフローを作ります。転がし計算です。PLに含まれる非現金支出費用は減価償却費だけなので，それを調整すれば利益からキャッシュフローが計算できます。

●確認は省略せずに必ず行う

キャッシュフローの数字ができたら，確認を必ず実施しましょう。すでに説明したとおり，グラフと全体数値の2種類です。

図表付- 3   キャッシュフロー推移のグラフによる確認

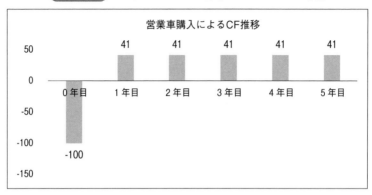

営業車購入によるCF推移

差額のキャッシュフローが年当たり41と計算されました。5年間毎年同じ影響という前提なので，グラフとしては，＋41の棒が5本立ちます。そして，0年目には，営業車への投資額として－100が入ります。全体の合計キャッシュフローは，－100＋41×5年＝＋105となります。

全体金額の確認も以下のとおりです。

図表付- 4   合計ベースの確認

プラス：①売上＝（150－100）×5年＝250
　　　　　②交通費＝10×5年＝50
マイナス：①投資＝△100
　　　　　　②保守費＝10×5年＝△50
　　　　　　③税金＝（売上＋交通費－保守費－減価償却費）×実効税率
　　　　　　　　　＝（250＋50－50－100）×30％＝△45
合計＝105　グラフとも一致

● キャッシュフローを整理する

各年のキャッシュフロー金額が正しいことが確認できたので，投資評価指標の計算に向けて，今度はキャッシュフローを整理します。

図表付-5　キャッシュフローまとめ

CF		0年目	1年目	2年目	3年目	4年目	5年目	合計
	キャッシュフロー	−100	41	41	41	41	41	105
	累計キャッシュフロー	−100	−59	−18	23	64	105	
	割引キャッシュフロー	−100	37	34	31	28	25	55
	累計割引キャッシュフロー	−100	−63	−29	2	30	55	

●投資評価指標を計算する

図表付-6　投資評価指標の計算結果

回収期間	2.44年
投資利益率（ROI）	21%
正味現在価値（NPV）	55
内部収益率（IRR）	30%

　原則として，**図表付-5**のCF行の数字をもとに，エクセル関数を用いて計算するようにしましょう。つまり，上記で作ったキャッシュフロー整理表から転記することはしません。その代わりに，関数を使って計算された結果と，キャッシュフロー整理表から読み取れる数値を照合することで，ここでも確認を行います。

　例えば，回収期間は，累計キャッシュフローが2年と3年のあいだでプラスに転じているので，2年＋αということが読み取れます。加えて，絶対値では2年目の18よりも3年目の23のほうが大きいので，2年目寄りのタイミングでプラスに転じているようです。このことと，2.44年という計算結果は整合します。

　続いて，投資利益率については，キャッシュフロー合計の105を，期間数である5年で割ると，21になります。これを投資額100で割れば，確かに21%です。

　そして，正味現在価値は，割引キャッシュフローの合計ですので，表の55と，計算結果は確かに一致しています。正味現在価値については，キャッシュフ

218

ロー整理表から直接読み取れます。

　また，内部収益率は，正味現在価値がプラスですので，用いた割引率10％よりも大きいことが予想されます。具体的にどの程度大きいかまではわかりません。このように間接的な確認しかできませんが，何もしないよりはいいでしょう。

【問題2】

　【問題1】の検討中に，自動車のディーラーから，リースの提案をもらいました。

　保守費相当込みで，毎年30を支払う内容です。このとき，4つの指標はどのような動きをするか，改善，不変，悪化の中から選んでください。

【解答2】

回収期間	0.00年	改善
投資利益率（ROI）	#DIV/0!	改善
正味現在価値（NPV）	80	改善
内部収益率（IRR）	#NUM!	改善

【解説2】

●前提の変更を確認する

　購入の場合と同じように，ここでも前提を整理してみましょう。

　保守費10と減価償却費20が発生しなくなる代わりに，リース料が毎年30発生します。そして，初めの設備投資もなくなります。

図表付-7　前提条件の比較まとめ

		投資前	投資後	差額
前提	売上（単年度）	100	150	50
	交通費（単年度）	10	0	−10
	減価償却費（単年度）	0	0	0
	リース料（単年度）	0	30	30
	保守費（単年度）	0	0	0
	設備投資額	0	0	0
	実効税率	30%	30%	−
	割引率	10%	10%	−

●PL を作成する

　PL に落とし込むと，この表のようになります。購入した場合，毎年の保守費と減価償却費の合計は30です。一方，リースの場合は，リース料が30とどちらも同額です。

　その結果，税引後営業利益は購入時もリース時もどちらも変わりません。

　ここで気づいていただきたいのは，PL の観点からは，毎年の損益は変わらないということです。何が違うかといえば，キャッシュフローです。

　ここで出てきた PL をもとに，キャッシュフローを転がし計算するときに考慮すべき非現金支出費用は，リースの場合には存在しません。つまり，税引後営業利益＝キャッシュフローになります。

　その結果，リースの場合には，毎年のキャッシュフローは21になります。

図表付-8 PL とキャッシュフロー

		投資前	投資後	差額
PL	売上	100	150	50
	売上原価	50	50	0
	売上総利益	50	100	50
	人件費	10	10	0
	交通費	10	0	-10
	減価償却費	0	0	0
	リース料（単年度）	0	30	30
	保守費	0	0	0
	税引前営業利益	30	60	30
	法人税等	9	18	9
	税引後営業利益	21	42	21
CF	減価償却費	0	0	0
	キャッシュフロー	21	42	21

●キャッシュフロー推移の意味を理解する

　上記のとおり算出した毎年のキャッシュフロー21は，1年目から5年間発生します。また，0年目には，リースの場合は初期投資は発生しませんので，ゼロです。

　購入時とリース時を比べると，合計キャッシュフローはどちらも105で同じです。つまり，通算では得られる効果はまったく同じなのです。

　何が違うかといえば，各年のキャッシュフローです。特に，購入時は0年目に－100と大きな投資が発生し，その後5年かけてキャッシュフローを得て回収します。一方で，リースの場合には，初期投資が発生しない分，毎年のキャッシュフローは小さくなります。

図表付-9　キャッシュフロー推移のグラフによる確認

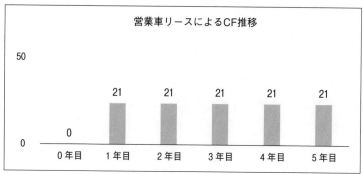

●購入からリースに変えれば投資効果は改善

　投資は，「初めに多額の支払を要するもの」ですので，リースは，そもそも「投資」には該当しません。そのため，実際に計算していただくとわかりますが，投資評価の指標も計算がうまくできません。

　そもそも，投資評価の指標は，当初の支払に対してどれだけリスクやリターンがあるかを表すものです。とすると，リースにはそもそも当初の支払がありませんので，投資評価の指標を適用することに無理があるのです。

　厳密にいえば，正味現在価値だけは計算することができます。しかし，投資額を分母とする投資利益率や内部収益率，初期投資を基準にする回収期間は計算式の関係で，エラー値になってしまいます。

●投資評価指標が計算できない＝問題ではない

　そもそもリースは，その性質上，初期投資がない点においてリスクが低い形態ですので，回収できないリスクがある購入形態に比べれば，問題が少ないといえます。そのため，判断としては，すべて「改善」と考えることができます。

　実際に，両者の形態について計算可能な正味現在価値を見てみると，購入は

55に対して，リースは80と大きくなります。つまり，確かに改善しています。

　リースのほうが有利なのは，購入には損するかもしれない不確実性があることに加えて，資金繰りの面からも多額の資金を用意する必要がないことなどが挙げられます。

　この演習で身につけていただきたいのは，

　「実務で必要な数字をどのように整理していくか」

ということでした。

2　事例演習②　支店の新規開設

　続いて，エクセルの仕組み作りを想定して，実際のワークシートを埋める形式で，一連の投資評価を行ってみましょう。

【問題1】
　以下のような前提の新支店の出店を検討しています。

年間売上200，初期投資200（5年償却，定額法，残価ゼロ）
売上原価率40%，人件費30（固定費），賃借料20（固定費），
交通費（変動費，売上の5％），実効税率30%
割引率10%

　計算モデルを実際に作って，投資評価の4指標を計算してください。

【解答1】　※拡大版は p.230参照

前提					0年目	1年目	2年目	3年目	4年目	5年目	合計
固定		変動		売上		200	200	200	200	200	1,000
200	年金額			売上原価		80	80	80	80	80	400
		40%	対売上	売上総利益		120	120	120	120	120	600
30	年金額			人件費		30	30	30	30	30	150
20	年金額			賃借料		20	20	20	20	20	100
		5%	対売上	交通費		10	10	10	10	10	50
5	償却年数			減価償却費		40	40	40	40	40	200
				税引前営業利益		20	20	20	20	20	100
		30%	対利益	法人税等		6	6	6	6	6	30
				税引後営業利益		14	14	14	14	14	70
200	初期投資			投資／減価償却費	-200	40	40	40	40	40	0
				キャッシュフロー	-200	54	54	54	54	54	70
				累計キャッシュフロー	-200	-146	-92	-38	16	70	
		10%	割引率	割引キャッシュフロー	-200	49	45	41	37	34	5
				累計割引キャッシュフロー	-200	-151	-106	-66	-29	5	
				回収期間				3.00	0.70		3.70
				投資利益率（ROI）							7.0%
				正味現在価値（NPV）							5
				内部収益率（IRR）							11%

224

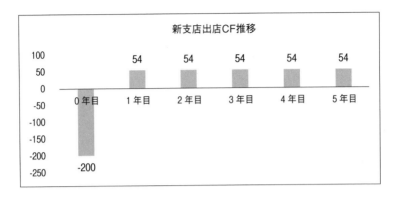

【解説1】

　前提条件は容易に変更できるよう，左側にまとめて「前提」欄を設けました。入力箇所と関連する箇所がわかるよう，行も揃えています。

　右側の表は，すでに説明してきた流れを1つにまとめたものです。このように，種類別にカテゴリ分けしつつつなげると，全体像がわかりやすいと思います。

　また，容易に全体像が確認できるよう，キャッシュフロー推移のグラフは，モデルとセットで自動的に反映されるようにしておくといいでしょう。

【図表付-10】 全体金額の確認

```
プラス：①売上＝200×5年＝1,000
マイナス：①投資＝△200
　　　　　②売上原価＝1,000×40％＝△400
　　　　　③人件費＝30×5年＝△150
　　　　　④賃借料＝20×5年＝△100
　　　　　⑤交通費＝1,000×5％＝△50
　　　　　⑥税金＝利益×実効税率＝100×30％＝△30
プラスマイナス合計＝70　グラフと一致
```

【問題2】

　【問題1】の前提のうち，年間売上を300に増やした場合の，投資評価4指標を計算してください。

【解答2】　※拡大版は p.231参照

	前提				0年目	1年目	2年目	3年目	4年目	5年目	合計
	固定		変動								
300	年金額			売上		300	300	300	300	300	1,500
		40%	対売上	売上原価		120	120	120	120	120	600
				売上総利益		180	180	180	180	180	900
30	年金額			人件費		30	30	30	30	30	150
20	年金額			賃借料		20	20	20	20	20	100
		5%	対売上	交通費		15	15	15	15	15	75
5	償却年数			減価償却費		40	40	40	40	40	200
				税引前営業利益		75	75	75	75	75	375
		30%	対利益	法人税等		23	23	23	23	23	113
				税引後営業利益		53	53	53	53	53	263
200	初期投資			投資／減価償却費	−200	40	40	40	40	40	0
				キャッシュフロー	−200	93	93	93	93	93	263
				累計キャッシュフロー	−200	−108	−15	78	170	263	
		10%	割引率	割引キャッシュフロー	−200	84	76	69	63	57	151
				累計割引キャッシュフロー	−200	−116	−39	30	93	151	
				回収期間		2	0.16				2.16
				投資利益率（ROI）							26.3%
				正味現在価値（NPV）							151
				内部収益率（IRR）							36%

(左側PL/CF/指標区分：PL, CF, 指標)

【解説2】

　【解答1】と同じワークシートに対して，「前提」欄の売上数値を更新するだけです。シミュレーションでも同様の作業を行います。

　前提条件を変更した場合には，

　・モデルの中で変化する箇所はどこか

　・投資評価の指標は改善するか悪化するか

をあらかじめ予想し，実際そのとおりに動いているかを確認します。

　具体的には，売上が増加しますので，売上，変動費関係の数値が増加します。その結果，キャッシュフロー表全体の数字が増えます。また，投資指標も改善します。

【問題1】の前提（初期投資200）

前提（固定）	前提（変動）		項目	0年目	1年目	2年目	3年目	4年目	5年目	合計
300 年金額		PL	売上		300	300	300	300	300	1,500
	40% 対売上		売上原価		120	120	120	120	120	600
			売上総利益		180	180	180	180	180	900
30 年金額			人件費		30	30	30	30	30	150
20 年金額			賃借料		20	20	20	20	20	100
	5% 対売上		交通費		15	15	15	15	15	75
5 償却年数			減価償却費		40	40	40	40	40	200
			税引前営業利益		75	75	75	75	75	375
	30% 対利益		法人税等		23	23	23	23	23	113
			税引後営業利益		53	53	53	53	53	263
200 初期投資		CF	投資／減価償却費	−200	40	40	40	40	40	0
			キャッシュフロー	−200	93	93	93	93	93	263
			累計キャッシュフロー	−200	−108	−15	78	170	263	
	10% 割引率		割引キャッシュフロー	−200	84	76	69	63	57	151
			累計割引キャッシュフロー	−200	−116	−39	30	93	151	
		指標	回収期間			2	0.16			2.16 改善↓
			投資利益率（ROI）							26.3% 改善↑
			正味現在価値（NPV）							151 改善↑
			内部収益率（IRR）							36% 改善↑

【問題3】

【問題1】の前提のうち，初期投資額を250に増やした場合の，投資評価4指標を計算してください。

【解答3】 ※拡大版は p.232参照

前提（固定）	前提（変動）		項目	0年目	1年目	2年目	3年目	4年目	5年目	合計
200 年金額		PL	売上		200	200	200	200	200	1,000
	40% 対売上		売上原価		80	80	80	80	80	400
			売上総利益		120	120	120	120	120	600
30 年金額			人件費		30	30	30	30	30	150
20 年金額			賃借料		20	20	20	20	20	100
	5% 対売上		交通費		10	10	10	10	10	50
5 償却年数			減価償却費		50	50	50	50	50	250
			税引前営業利益		10	10	10	10	10	50
	30% 対利益		法人税等		3	3	3	3	3	15
			税引後営業利益		7	7	7	7	7	35
250 初期投資		CF	投資／減価償却費	−250	50	50	50	50	50	0
			キャッシュフロー	−250	57	57	57	57	57	35
			累計キャッシュフロー	−250	−193	−136	−79	−22	35	
	10% 割引率		割引キャッシュフロー	−250	52	47	43	39	35	−34
			累計割引キャッシュフロー	−250	−198	−151	−108	−69	−34	
		指標	回収期間					4.00	0.39	4.39
			投資利益率（ROI）							2.8%
			正味現在価値（NPV）							−34
			内部収益率（IRR）							5%

【解説3】

ここでも，【問題2】と同様の確認を行いましょう。

具体的には，投資額が増加しますので，減価償却費の数値が増加します。その結果，キャッシュフロー表全体の数字が減ります。その結果，投資指標も悪化します。

前提						0年目	1年目	2年目	3年目	4年目	5年目	合計	
固定		変動			売上		200	200	200	200	200	1,000	
200	年金額				売上原価		80	80	80	80	80	400	
		40%	対売上		売上総利益		120	120	120	120	120	600	
30	年金額			PL	人件費		30	30	30	30	30	150	
20	年金額				賃借料		20	20	20	20	20	100	
		5%	対売上		交通費		10	10	10	10	10	50	
5	償却年数				減価償却費		50	50	50	50	50	250	
					税引前営業利益		10	10	10	10	10	50	
		30%	対利益		法人税等		3	3	3	3	3	15	
					税引後営業利益		7	7	7	7	7	35	
250	初期投資				投資／減価償却費	-250	50	50	50	50	50	0	
				CF	キャッシュフロー	-250	57	57	57	57	57	35	
					累計キャッシュフロー	-250	-193	-136	-79	-22	35		
		10%	割引率		割引キャッシュフロー	-250	52	47	43	39	35	-34	
					累計割引キャッシュフロー	-250	-198	-151	-108	-69	-34		
				指標	回収期間					4.00	0.39	4.39	悪化 ↑
					投資利益率（ROI）							2.8%	悪化 ↓
					正味現在価値（NPV）							-34	悪化 ↓
					内部収益率（IRR）							5%	悪化 ↓

【問題4】

【問題1】から【問題3】までの結果をまとめた経営者報告用資料を作成してください。

228

【解答4】

新支店シミュレーションサマリ   20XI/6/7

初期投資2億円・年間売上2億円のベース案では，投資効果が十分とはいえない。
売上の上乗せまたは投資額の削減を検討すべきである。

単位：百万円	前提		利益	キャッシュ・フロー	投資対効果指標			
	年度売上	投資額	年度	年度	回収期間	投資対利益率	正味現在価値	内部利益率
A．ベース案	200	200	14	54	3.70年	7%	5	11%
B．売上アップ案	300	200	53	93	2.16年	26%	151	36%
C．投資アップ案	200	250	7	57	4.39年	3%	-34	5%

その他の前提
売上原価率40%，人件費30百万円（年額），賃借料20百万円（年額），交通費は売上の5％

【解説】

できる限り情報を絞って作成しましょう。

【参考】

エクセルファイルとしては，次ページからのように，4枚のSheetで構成される1つのファイル（Book）にすると便利です。

1枚目のシート

新支店シミュレーションサマリ

20X1/6/7

初期投資 2 億円・年間売上 2 億円のベース案では、投資効果が十分とはいえない。
売上の上乗せまたは投資額の削減を検討すべきである。

単位：百万円

| | 前提 | | 利益 | キャッシュ・フロー | 投資対効果指標 | | | |
	年度売上	投資額	年度	年度	回収期間	投資対利益率	正味現在価値	内部利益率
A．ベース案	200	200	14	54	3.70年	7%	5	11%
B．売上アップ案	300	200	53	93	2.16年	26%	151	36%
C．投資アップ案	200	250	7	57	4.39年	3%	−34	5%

その他の前提
売上原価率40%、人件費30百万円（年額）、賃借料20百万円（年額）、交通費は売上の 5 %

2枚目のシート

新支店シミュレーション　売上200　設備投資200

前提

固定		変動	
200	年金額	40%	対売上
30	年金額		
20	年金額	5%	対売上
5	償却年数	30%	対利益
200	初期投資	10%	割引率

	項目	0年目	1年目	2年目	3年目	4年目	5年目	合計
PL	売上		200	200	200	200	200	1,000
	売上原価		80	80	80	80	80	400
	売上総利益		120	120	120	120	120	600
	人件費		30	30	30	30	30	150
	賃借料		20	20	20	20	20	100
	交通費		10	10	10	10	10	50
	減価償却費		40	40	40	40	40	200
	税引前営業利益		20	20	20	20	20	100
	法人税等		6	6	6	6	6	30
	税引後営業利益		14	14	14	14	14	70
CF	投資／減価償却費	-200	40	40	40	40	40	0
	キャッシュフロー	-200	54	54	54	54	54	70
	累計キャッシュフロー	-200	-146	-92	-38	16	70	
	割引キャッシュフロー	-200	49	45	41	16	54	5
	累計割引キャッシュフロー	-200	-151	-106	-66	-29	5	
指標	回収期間				3.00	0.70		3.70
	投資利益率（ROI）							7.0%
	正味現在価値（NPV）							5
	内部収益率（IRR）							11%

新支店出店CF推移

3枚目のシート

新支店シミュレーション　売上300　設備投資200

前提

固定			変動	
300	年金額		40%	対売上
30	年金額			
20	年金額		5%	対売上
5	償却年数			
			30%	対利益
200	初期投資			
			10%	割引率

		0年目	1年目	2年目	3年目	4年目	5年目	合計
PL	売上		300	300	300	300	300	1,500
	売上原価		120	120	120	120	120	600
	売上総利益		180	180	180	180	180	900
	人件費		30	30	30	30	30	150
	賃借料		20	20	20	20	20	100
	交通費		15	15	15	15	15	75
	減価償却費		40	40	40	40	40	200
	税引前営業利益		75	75	75	75	75	375
	法人税等		23	23	23	23	23	113
	税引後営業利益		53	53	53	53	53	263
CF	投資／減価償却費	−200	40	40	40	40	40	0
	キャッシュフロー	−200	93	93	93	93	93	263
	累計キャッシュフロー	−200	−108	−15	78	170	263	
	割引キャッシュフロー	−200	84	76	69	63	57	151
	累計割引キャッシュフロー	−200	−116	−39	30	93	151	151
指標	回収期間			2	0.16			2.16
	投資利益率（ROI）							26.3%
	正味現在価値（NPV）							151
	内部収益率（IRR）							36%

新支店出店CF推移

4枚目のシート

新支店シミュレーション　売上200　設備投資250

新支店出店CF推移

		0年目	1年目	2年目	3年目	4年目	5年目	合計
PL	売上		200	200	200	200	200	1,000
	売上原価		80	80	80	80	80	400
	売上総利益		120	120	120	120	120	600
	人件費		30	30	30	30	30	150
	賃借料		20	20	20	20	20	100
	交通費		10	10	10	10	10	50
	減価償却費		50	50	50	50	50	250
	税引前営業利益		10	10	10	10	10	50
	法人税等		3	3	3	3	3	15
	税引後営業利益		7	7	7	7	7	35
CF	投資／減価償却費	-250	50	50	50	50	50	0
	キャッシュフロー	-250	57	57	57	57	57	35
	累計キャッシュフロー	-250	-193	-136	-79	-22	35	35
	割引キャッシュフロー	-250	52	47	43	39	35	-34
	累計割引キャッシュフロー	-250	-198	-151	-108	-69	-34	-34
指標	回収期間					4.00	0.39	4.39
	投資利益率（ROI）							2.8%
	正味現在価値（NPV）							−34
	内部収益率（IRR）							5%

前提

固定		変動	
200	年金額	40%	対売上
30	年金額		
20	年金額	5%	対売上
5	償却年数		
		30%	対利益
250	初期投資		
		10%	割引率

　この演習を通じて，実務でどのようなワークシートに落とし込めばいいかが
おわかりいただけたと思います。あとは実践あるのみです！　本書を実務のガ
イドブックとしてかたわらに置き，投資評価の実務に取り組んでみてください。

《著者紹介》

梅澤　真由美（うめざわ　まゆみ）

公認会計士
管理会計ラボ株式会社代表取締役
監査法人トーマツ（現・有限責任監査法人トーマツ）にて会計監査に従事したのち，日本マクドナルド㈱にて，経理・予算管理など経営財務分野の業務を幅広く経験。その後，ウォルト・ディズニー・ジャパン㈱に移り，小売部門のファイナンス（経営企画）業務を管理職として統括した。2社で通算10年間勤務した後，「会計を事業に活用できる会社を日本に増やしたい」という思いで，管理会計ラボを設立。現在は，管理会計分野に特化した「実務家会計士」として，セミナー講師，執筆，コンサルティングに活躍中。Retty㈱など複数の上場会社にて社外役員も務めている。
モットーは，「つくる会計から，つかう会計へ」。制度会計を活かした管理会計の仕組みの構築，経営者や社内各部門との会計を活用したコミュニケーションを得意とする。
静岡県沼津市出身，京都大学農学部卒業，オーストラリア・ボンド大学ビジネススクール修了（MBA）。
著書に，『管理会計の仕組みと実務がわかる本』『「経理」の勉強法！』（いずれも中央経済社），『経理のためのエクセル　基本作法と活用戦略がわかる本』（税務研究会），『「ファイナンス」から考える！超入門』（かんき出版），『会計知識ゼロからのはじめての予算管理』（日本能率協会マネジメントセンター）がある。
管理会計ラボオンラインスクール https://school.accountinglabo.jp

その案件で進める？　進めない？
投資評価の仕組みと実務がわかる本

2021年6月25日　第1版第1刷発行

著　者	梅　澤　真由美	
発行者	山　本　　　継	
発行所	㈱中央経済社	
発売元	㈱中央経済グループパブリッシング	

〒101-0051　東京都千代田区神田神保町1-31-2
電話　03（3293）3371（編集代表）
03（3293）3381（営業代表）
https://www.chuokeizai.co.jp
印刷／昭和情報プロセス㈱
製本／侑 井上製本所

© 2021
Printed in Japan

＊頁の「欠落」や「順序違い」などがありましたらお取り替えいたしますので発売元までご送付ください。（送料小社負担）

ISBN978-4-502-39081-4　C3034